XIAN XUE BAN GE

HUAWEI

先学半个华为

文化、战略、业务、人才管理实践

廖维 著

人民邮电出版社

北京

图书在版编目（CIP）数据

先学半个华为 ：文化、战略、业务、人才管理实践 /
廖维著. -- 北京 ：人民邮电出版社，2018.8
ISBN 978-7-115-48680-6

Ⅰ. ①先… Ⅱ. ①廖… Ⅲ. ①通信企业－企业管理－
经验－深圳 Ⅳ. ①F632.765.3

中国版本图书馆CIP数据核字(2018)第130729号

内 容 提 要

正如任正非所说，华为没有成功，只有成长。华为的管理没有秘密，完全可以复制，
任何人都可以学。华为没有什么背景，也没有什么依靠，更没有什么资源，唯有努力工作
才可能获得机会。除了比别人少喝点咖啡，多干一点儿活以外，华为与其他企业相比，没
有什么长处。

本书从奋斗的土壤、奋斗的方向、奋斗的源泉与奋斗的基础等几个方面阐述与分享了
华为的管理理念，适合具有远大理想报负的企业家、高级管理者及专业管理人员阅读。希
望华为的成长与成功能带给读者全新的启发和思考。

◆   著   廖 维
   责任编辑   李士振
   责任印制   周昇亮
◆ 人民邮电出版社出版发行   北京市丰台区成寿寺路 11 号
   邮编 100164   电子邮件 315@ptpress.com.cn
   网址 http://www.ptpress.com.cn
   北京虎彩文化传播有限公司印刷
◆ 开本：700×1000 1/16
   印张：12   2018 年 8 月第 1 版
   字数：196 千字   2025 年 1 月北京第 18 次印刷

定价：49.80 元

读者服务热线：(010)81055296   印装质量热线：(010)81055316
反盗版热线：(010)81055315
广告经营许可证：京东市监广登字 20170147 号

正如任正非所说："一杯咖啡吸收宇宙能量，一桶糨糊粘接世界智慧。"华为过去 30 年依靠持续的开放、奋斗与耗散，逐步成就其庞大的商业帝国。放眼世界商业史，而立之年的华为，不管从发展速度还是发展质量，都可称商业史上的奇迹。华为取得的巨大商业成功也是中国几十年来改革开放取得重要成果的体现之一，为企业参与"一带一路"倡议提供了重要的参考，为新常态下的中国经济注入一股新的力量和勇气。

华为的成功更是中国企业从生存者到追赶者，再到领先者的一个缩影，是"中国制造"走向"中国智造"的一个经典案例，是中国企业从国内市场逐步迈向全球化竞争的重要事件，将提升中国企业家在世界商业生态的影响力和自信心。华为的管理实践不仅仅是对世界管理模式的补充，也为中国企业的国际化战略实践开启了一种新的视角，更为中国企业走向世界舞台中央提供了新的范例。

从野蛮生存到理性发展，从偏远农村到中心城市，从发展中国家到发达国家，华为经过 30 年的不断探索实践，逐步形成了自己独特的管理模式。一方面，华为始终坚持"以客户为中心、以奋斗者为本，长期坚持艰苦奋斗，持续自我批判"的核心价值观，把最朴素的商业逻辑应用到管理实践中去，并始终如一、竭尽全力统一这个核心思想。另一方面，华为坚持通过与西方管理咨询公司合作，引进先进的管理理念、方法和工具，秉承"削足适履"的变革勇气和决心，让这些先进的"术"在经营管理实践中有效地发挥作用，并逐步形成世界级的管理实践体系。

过去 30 年，华为努力践行核心价值观，同时坚持向西方学习，快速掌握国际化的规则和套路，坚持中西合璧、灰度管理、"师夷长技以制夷"的管理哲学，快速实现规范与高效的统一，搭建起世界级管理体系。首先，华为坚持以中国优秀文化为核心，逐步形成了自己独特的企业文化。从创业之初的华为文化的零散性，到《华为基本法》，到"狼文化"，再到服务文化等；从成立之初的任正非摇旗呐喊，到不断"升级迭代"地演讲和宣传，再到对人性的深度洞察与实践，其都来源于中国几千年文化在管理实践中的积淀与升华，也是华为管理哲学和思想精神的集中体现。其次，华为坚持以"中学为体，西学为用"的指导思想，保持开放、灰度和妥协的经营哲学。从 20 世纪 90 年代开始大量引进西方先进的管理实践工具，同 IBM、埃森哲、BCG、HAY 等世界级管理咨询公司开展长期合作，努力向全世界一切优秀的组织和个人学习。经过近 20 年的消化、吸收并内化，华为逐步搭建起世界级的管理体系。最后，华为还坚持批评与自我批判的思想，与时俱进，通过各种管理变革激活组织，努力追赶并实现世界级的管理水平。

正如任正非所说，华为没有任何商业秘密，任何人都可以学，很容易学会。唐太宗曰："以铜为镜，可以正衣冠；以古为镜，可以知兴替；以人为镜，可以明得失。"本书比较客观地表达了学习华为的态度和视角。第一，华为的成功实践为中国企业提供了鲜活的案例和素材，是中国企业崛起于世界的经典，当然值得中国企业家和管理研究者去总结和思考；第二，华为管理实践中走过很多弯路甚至犯过很多错误，我们更应该从这些教训中得到启发，避免犯相同的错误；第三，管理实践在商业本质上并无二致，华为 30 年的商业逻辑和管理哲学——坚持以客户需求为中心、以奋斗者为本等核心价值观依然保持稳定，并在管理实践中做到"知行合一"、"道""术"结合、灰度管理等。作者结合自己在华为工作多年的管理实践经验，期望从中找到可供大部分企业在管理实践中参考借鉴的价值点。本书有"道"、有"术"、有经验，更有启示和思考，读者将从中获得全新的管理视角和独特价值。

历史总是惊人地相似，但不是简单地重复。学习华为，借鉴华为，标杆同行。正如任正非所讲：华为还远远没有成功，只有成长。沉舟侧畔千帆过，病树前头万木春。华为的成功不代表一种常态，而是一种管理智慧的实践。正如华为内部推崇"开放、灰度、妥协"的管理哲学，学习华为何尝不是如此，本书将让你看到一个不一样的华为。

余世维

英国牛津大学国际经济学博士后

管理培训专家

2018 年 2 月

华为，中华有为。奋斗中的华为人正在努力践行这一历史使命。从1987年成立到现在，华为从成立之初的2.1万元的注册资本发展到年度收入超过6 000亿元，其中50%以上的销售收入来自海外市场，在2016年世界500强企业排名中位居第83名，且排在由全球最大的品牌咨询公司Interbrand评出的2017年全球最具价值品牌100强排行榜的第70位，成为中国企业全球化的样板和标杆。华为的主营业务之一运营商业务在2013年已成为全球第一，目前强势维持行业领先并持续拉开与第二名的距离；同时，手机终端业务通过短短几年的发展，目前位居全球第三，未来几年逐步超越苹果和三星成为全球第一将是大概率事件。

短短30年，华为如何实现弯道超车？如何基于市场机会实现战略瓶颈突破？如何在国际市场竞争中与国际巨头对决成功？成功的逻辑到底是什么？笔者在过去的近10年曾与数十家上市公司的董事长、总裁及高管深度讨论过华为的管理模式，大家都希望从华为庞大的商业帝国里找到可以复制的商业逻辑。华为公司成功的因素有哪些？华为成功的经验有哪些值得借鉴？更重要的是我们要如何学习华为？笔者结合华为近30年的发展历程与经营管理实践，访谈了数十位不同时段在华为工作的领导和同事，同时结合自己在华为多年工作的切身体会与思考，系统地梳理出华为成功的管理模式，即一个基因——企业文化，三个价值链管理——战略管理价值链、业务管理价值链和人才管理价值链。希望给中国企业管理界的朋友带来一些启发和思考。

一个基因：企业文化

文化是企业发展的内核。一个组织如何构建自己的愿景、使命和核心价值观是关系到组织能否持续做大做强的核心基因。华为实践出世界级的管理成果和创新能力，其底层的管理逻辑是华为的文化和核心价值观。过去30年，华为以任正非的核心管理哲学为基础，在实践中逐步形成华为的核心价值观，即以客户需求为中心，以奋斗者为本，长期坚持艰苦奋斗，持续自我批判，并持续通过领导以身作则、顶层机制流程承接、典型人物故事、仪式范式和传播平台等多角度、多层次的文化塑造，把华为的核心价值观植入全体员工的内心，从而确保华为思想层与行为层的一致性。思想的统一为华为在战略管理价值链、业务管理价值链及人才管理价值链等业务领域大规模采用西方先进的工具和方法并落地实施提供了天然的土壤。

战略管理价值链

　　在战略管理价值链方面，华为对于确定性与不确定性管理采用两种不同的管理模式。当今的产业发展，特别是 ICT 行业，面临非常多的不确定性。为了保证企业战略方向尽可能正确，华为采用"河道上攻战略"，即聚焦 ICT，只要发现可能的业务或技术发展方向，就会投入一定的资源进行跟随，一旦机会变得明显，就大力投入，抓住机会。因此，华为从创业至今，给人的印象始终是"站在风口浪尖上"，很少有明显错失机会的决策。在过去 30 年中，华为逐步完成了从农村到城市、从产品到方案、从国内到国际、从 B2B 到 B2C 的 4 次大的转变。目前华为已宣布大规模进入公有云，意味着华为开始实施"设备到运营"的第 5 次转变。对于确定性的战略管理，华为通过与世界顶级公司的合作，构建起从战略制定到战略实现的 BLM 模型，达成 SP-BP-KPI-PBC 的目标分解与落地，确保华为公司战略目标实施的系统性与可行性。

业务管理价值链

　　在过去 30 年中，华为通过与世界顶级管理咨询公司合作，引入西方先进的管理工具，逐步形成从"人治"到"法治"，从"法治"与"文治"并重的管理逻辑，并坚持"乱中求治，治中求乱"的哲学思想，逐步改造为具有中国特色的具有世界级水准的业务管理体系。主要业务管理体系包括但不限于研发管理体系、供应链管理体系、市场体系、财经体系及人力资源管理体系等，同时下大力气改造各业务体系，形成端到端的业务管理平台，系统地进行全球资源整合与能力组合，逐步搭建起服务好、运作成本低、高质量的业务管理平台，满足全球客户的不同需求，实现弯道超车。华为围绕满足客户需求与成就客户商业成功这一核心商业逻辑，开展广泛有效的业务管理变革，持续保持行业的领先优势。

人才管理价值链

　　人才永远是企业管理的第一要务，华为也不例外，华为从六人创业发展到拥有近 18 万高级知识分子，半数以上员工拥有研究生学历。华为如何建立起科学有效的选—育—用—留—汰的管理机制，始终保持干部队伍的活力？华为如何实现以客户为中心的价值创造、以结果为导向的价值评价和以奋斗者为本的价值分配均衡发展？如何坚持"力出一孔，利出一孔"，让 18 万知识分子能够捆绑在一辆战车上，征战全球？华为基于对人性的深度理解，创造性地建立起以岗位为基础、能力为牵引、结果为导向的人才管理平台，最大限度地实现了人力资本价值的最大化。

华为的30年是厚积薄发的30年。据不完全统计，华为在过去10年的累计研发投入超过3 000亿元，坚持每年研发投入不低于销售收入的10%，管理改善的投入300亿～400亿元，这就是华为成功的重要原因之一。正如任正非所说的：华为有乌龟精神，我们爬得很慢，但坚持爬，一爬就爬了20年，抬头看到了宇宙飞船。华为坚持不被短期利益所诱惑，奉行阿甘精神——一个字就是"傻"。这些都体现了华为的耗散与厚积薄发，坚持与韧性，专注与灵活，聚焦与突破。

华为的30年是砥砺奋斗的30年。从20世纪90年代通信设备行业的"七国八制"到华为的全面领先，华为经历了从生存到发展、从落后到追赶、从超越到领先这一发展历程。华为从1997年开始拓展国际市场，到今天在全球170多个国家和地区开展业务，其员工来自160多个国家和地区。从喜马拉雅到好望角，从东京到伦敦，从莫斯科到毛里求斯，都留下了华为人奋斗的足迹。实践表明，华为的成功史不仅是一部鲜花和掌声史，更是一部枪林弹雨与血雨腥风的励志史和奋斗史。

华为的30年是开放的30年。正如任正非提到的，在大机会时代面前，千万不要机会主义，要开放、开放、再开放。在过去30年中，华为坚持向美国人学习创新，向德国人学习严谨，向日本人学习精益，向英国人学习规范，向一切友商学习，向全球顶级管理咨询公司学习。商业竞争是没有硝烟的战场，任何行业或企业的崛起都将给相关的产业或企业带来新的生存危机。华为的崛起必将带来竞争对手的敌视与对立，华为坚持"以土地换和平"的策略，最大限度地降低与其他竞争对手的冲突，为自己的崛起赢得时间。"道术结合、中西合璧，灰度管理，师夷长技以制夷"是华为过去30年管理实践中最重要的法宝。

在可预见的未来，中国的各行各业都将涌现华为这样的企业。华为不只是中国企业迈向全球化的一个先行者，更是中国企业在全球竞争中崛起的一个缩影。当然，华为的成功为中国企业从国内走向全世界提供了一个全貌，也是东方文化与西方科学管理结合的一个完美的案例：在东方思想智慧的指导下，为西方工具和方法更好地实施提供了一个真实的范例。正如任正非所说："华为没有秘密，任何人都可以学，很容易学会。"华为经营管理的成功注定将给中国企业界带来新的自信与能量。我们期待更多的中国企业在不久的将来更快更稳健地走向世界舞台的中央。借此机会将本书献给而立之年的华为，同时也希望给中国企业界带来更多的思考和借鉴。

书名说明

本书以《先学半个华为》为题，并非为了博得读者的眼球，更没有拔高华为的高深、低估其他企业的管理能力，只是从客观的角度表达学习的建议。现做如下三点原因说明。

1. 华为的成功绝非一本书能够全面阐述，书中有些观点难免有些主观。本书虽然结合了作者在华为多年的亲身经历和感悟，同时包括了大量高管的访谈并参考了大量的华为内部资料，但依然难免与客观存在的华为存在一定的差距，从某种层面上讲仅是反映了半个华为的管理实践。

2. 笔者结合近 10 年中国企业学习华为的案例来看，客观地讲，学习华为的企业很多，但真正成功的很少。最关键的就是一个公司的核心文化基因很难复制，因为世界上只有一个任正非，他的管理哲学和人格魅力很难复制，导致其他企业很难学会。但华为在管理工具方法上的实践是可以供广大企业参考学习的，从这个层面上看，笔者很负责地讲，可以先学半个华为。

3. 正如任正非所讲，华为公司才成立短短 30 年，华为公司远远没有成功。我们现在研究和总结的是华为过去的 30 年，相当于华为公司的上半场竞技，而华为的下半场才刚刚开始，我们还没有能力预见和研判华为的未来，故我们先学习上半个华为，下半个华为值得我们共同期待。

思想统一平台：文化管理实践

 目标统一平台：力出一孔

第4章　业务管理平台：流程管理

第5章　干部管理平台：以奋斗者为本

第6章 人才激励平台：利出一孔

第 7 章　管理变革

第1章

> 华为管理实践:
开放、灰度与妥协

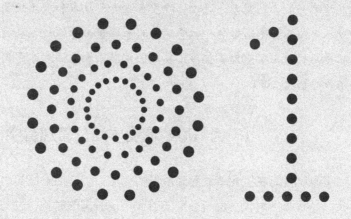

从 1987 年到 2017 年，华为仅用了 30 年的时间，就从注册资本仅 2.1 万元的"小作坊"一举发展成了年销售收入超过 5000 亿元的国际通信公司。从全球领先的通信设备厂商逐步拓展到华为智能移动终端，目前，华为手机业务在短短的几年之内位居全球第三。华为之所以能够取得如此耀眼的战果，很大一部分原因在于其先进的管理体系。30 年以来，华为不断改进、优化自己的管理体系，深入持续开展管理变革，通过管理整合资金、技术和人才成就了今天世界级的管理水平。华为是通过怎样的管理实践来实现自身快速发展的？广大企业又应该从华为的身上学习哪些值得借鉴的管理模式和方法？本章就带领大家一同探讨华为的管理之道。

1.1 回归原始商业本质的管理哲学

正像狄更斯在工业革命时期所说的那样："这是最好的时代，也是最坏的时代；是智慧的时代，也是愚蠢的时代；是信仰的时代，也是怀疑的时代。"进入 21 世纪以来，企业正活在一个充满巨大不确定性和纷繁复杂的环境之中，管理界的专家们也只能通过不断地变换各种管理词汇来为企业的发展出谋划策。我们是否可以再次思考一下，企业存在的价值是什么？企业经营应该依靠什么？经营企业应该怎么做？这些问题都是让你回归原始商业本质的管理哲学问题。华为 30 年的管理实践经验就是抓住原始的商业本质并不遗余力地坚持执行：以客户需求为中心、长期坚持艰苦奋斗、"力出一孔，利出一孔"，努力保存开放、灰度和妥协。

　　华为30年的实践表明，华为没有一个固定的老师，向美国人学习创新、向英国人学习规范、向德国人学习严谨、向日本人学习精益管理、向印度人学习软件和高端商务谈判。一个国家只有吸收全世界优秀的精髓才能繁荣昌盛，一家企业只有吸收优秀的管理经验才能获得竞争优势。华为在国内向"顺丰"和"海底捞"学习服务，华为坚持向客户学习，向竞争对手学习，向一切优秀的人或事学习。

1.1.1　客户导向：为客户创造价值是华为存在的唯一理由

　　企业经营的成果都来自组织的外部，企业经营的本质就是为客户创造价值，只有坚持为客户创造价值的企业最终才可能基业长青，如图1-1所示。

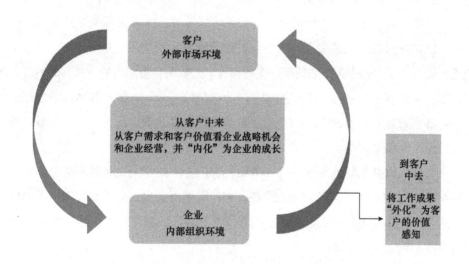

图1-1　华为以客户为导向的管理哲学

　　在华为人看来，从根本上来讲，企业生存和发展取决于客户。任正非曾经反复向华为的干部强调：企业要想活下去，就必须获得利润，而利润只能从客户手中得来。员工是要给工资的，股东是要给回报的，世界上唯一能给华为钱的人，只有客户。为客户服务是华为生存的唯一理由。正是基于这种对客户创造价值的虔诚才成就了今天的华为。无论是在思想上还是在行动中华为处处体现着以客户为中心的企业文化，如图1-2所示。

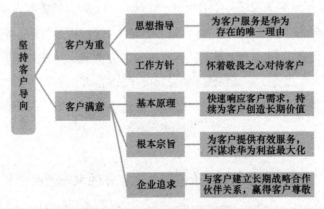

图1-2　华为坚持客户导向的体现

1. 以客户为中心的理念：客户为重

早在创业伊始，华为就根据自身一无市场地位、二无人际关系的现实，确立了以客户为重的经营理念，客户利益优于股东的利益。一方面，华为各级员工普遍树立了"失去客户的信任、支持和压力，就不会有华为的成长"的思想，在工作中以客户为中心，坚持把对客户的诚信做到极致。另一方面，华为在公司内部也对企业和客户的地位做出了重点说明，并明确提出了"客户为重，长官为轻"的观点。

为客户服务是华为存在的唯一理由，客户需求是华为发展的原动力。商业活动的本质在于等价交换，华为坚持为客户提供高质量、低成本和高效率的优质服务，继而获得相应的回报，这也是华为从生存到发展、从追赶到超越、从优秀到卓越的重要管理法宝。

张德新[①]是北京朝阳区一家华为手机专营店的店长，也是华为华北区域2015年度的金牌店长。2015年4月他从华为华北区域分公司刚刚空降到朝阳区的门店时，该门店还处在运营的初级阶段，门店销售人员的服务用语极其杂乱，在同一家门店工作的销售人员居然使用不同的服务用语，有些店员甚至在接待客户

[①] 本书所有案例的人名均为虚构。

时没有礼貌用语。凡此种种既不符合一家品牌手机门店的服务要求，更与华为"以客户为中心"的企业文化背道而驰。

针对这种问题，张德新对门店的服务流程做出了统一的规范，他要求门店所有店员在对客户进行服务时必须做到"三声"，即来有欢迎之声，问有答问之声，走有送别之声，同时他还会定期对店员的"三声"服务进行量化考核。在"三声"服务推广了近两个月后，张德新所在门店的服务水准得到了极大地提升，不仅客户对华为店员的素质交口称誉，连北京其他的华为手机门店也对张德新刮目相看，并纷纷到他的门店取经。

2. 以客户为中心的标准：客户满意

华为认为：客户的利益所在即企业生存和发展最根本的利益所在。基于这种认识，华为将客户的利益与自身的利益绑定到一起，并将客户是否满意作为衡量一切工作成败的准绳，逐步构建起以责任结果为导向的价值评价体系。为了能让客户满意，华为在经营方向上，放弃了一般企业追求性价比的思路，反而坚持在产品研发上持续追加投入，为客户提供持续创造价值的能力。坚持以客户为中心，快速响应客户需求，持续为客户创造长期价值，帮助客户获得成功，这便是华为在日常经营过程中让客户满意的基本准则。而"为客户提供有效服务，不谋求华为利益最大化"则是华为让客户满意的根本宗旨。以这两者为基础，华为进一步确定了"与客户建立长期战略合作伙伴关系，赢得客户尊敬"的企业追求。

1.1.2　艰苦奋斗：坚持以奋斗者为本的价值观

"业精于勤，荒于嬉；行成于思，毁于随"。艰苦奋斗是华为的核心价值观，通过分析华为近30年的发展历程就可以很直观地发现：华为的成长史实际上就是一部华为的奋斗史，华为的发展史更是一部"枪林弹雨"史，华为的崛起史更是一部国人的信心发展史。华为奋斗赖以开展的土壤、奋斗前进的方向、促进奋斗的动力更会给广大企业带来丰富的思辨与启迪，如图1-3所示。

1. 坚持精神奋斗，塑造奋斗精神

任正非不止一次地向华为的员工强调：身处电子信息产业中的华为，要么保持领先，要么走向灭亡，在发展过程中再无第三条可行的道路。华为人强调持续通过艰苦奋斗来满足客户的需要，并把奋斗的观念和意识落实到人力资源与干部管理的各类政策和制度中去。唯有奋斗才是公司真正的财富。

而在奋斗的动机方面，华为也给出了自己的认识。华为人认为，员工的奋斗实际上指的是精神层面的艰苦奋斗，而非日常生活中的艰苦奋斗。奋斗的最终目标则是让自己的亲人能够旅游度假，让自己的子女能够接受良好的教育，在和亲朋好友聚会的时候能够随心所欲地喝咖啡、点果盘，而这些生活支出都是要靠奋斗来获得的。

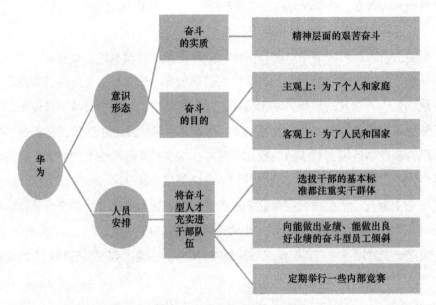

图1-3 华为坚持以奋斗者为本的价值观的两个维度

同样，在自己退休之后，想要安享晚年时，同样需要靠奋斗来获得物质资源。所以，奋斗的最终目标就是为了提高自己的生活质量，对上孝敬父母，对下改善妻儿的生活质量。唯有这样，家庭才会和谐，员工自己也会因享受到了奋斗的回报而感到自豪和幸福。

从主观上来讲，奋斗者是为了个人和家庭，而从客观上来讲，奋斗是为了他人、人民，甚至是国家。正如公民的责任是纳税，政府再用征收上来的税金为民众谋福利，客观上促进了国家的富强和人民生活水平的提高，员工的奋斗放到宏观层面也是助力民族复兴的幸事。

华为在界定干部的使命与责任方面，明确地将"奋斗精神"融入其中。

2. 聚焦实干家：将奋斗型人才充实进干部队伍

人才对企业的发展至关重要，而干部又是人才管理中的核心环节。一方面，干部的工作质量直接决定了一个部门的工作质量或一个区域的业绩。另一方面，干部的工作作风会对下属员工起到"上行下效"的作用。干部兴，则企业兴；干部弱，则企业衰。华为坚持一个核心理念，就是干部不是培养出来的，是选拔和淘汰出来的，当然最主要的亮点就是华为只从奋斗者中选拔干部。

首先，华为选拔干部的基本标准是注重实干群体，选拔出业绩、出绩效的干部，其中干部选拔有三优先：优先从成功实践和优秀团队中选拔干部；优先从主攻战场、一线和艰苦地区选拔干部；优先从影响公司长远发展的关键事件中考察和选拔干部。

其次，在选拔干部的关键行为标准方面，华为也十分注重向能做出业绩、能做出良好业绩的卓有成效的奋斗型员工倾斜。选拔干部的关键行为有三点：品德与作风是干部的资格底线；绩效是必要条件和分水岭，"茶壶里的饺子"我们是不承诺的；领导力素质是干部带领团队持续取得高绩效的关键行为。综上所述，无论是华为选拔干部的"三优先"还是从关键行为来看，无不体现奋斗者为本的干部管理体系。

1.1.3　利益共享：力出一孔，利出一孔

《管子·国蓄》中有："利出一孔者，其国无敌；出二孔者，其兵不诎；出三孔者，不可以举兵；出四孔者，其国必亡。"古人对"耕战"的重视延续到现代变成了华为对价值分配的重视，今天华为的"力出一孔，利出一孔"的理念早已超越了价值分配的范畴，已成为华为管理哲学的重要精髓之一。

在对员工利益的管理方面，华为通过对 EMT（经营管理团队）宣言的发布，直接向世人宣布了一个清晰的信号：华为从最高层干部到全部骨干员工的收入，只能来自公司所给予的工资、奖金、分红及其他收入，华为不允许公司干部有任何额外的收入。从组织层面、制度层面堵住了上至最高层下至执行层所有员工通过关联交易谋取个人私利的可能，杜绝了个人掏空集体利益的现象。在华

为人看来，在将近30年的发展历程中，华为一直坚持着"力出一孔，利出一孔"的原则，并最终在公司内部形成了十几万名员工一齐奋斗的大好局面。尽管华为清楚自己在管理方面还有许多缺点，但其领导层始终没有停下努力改进的脚步，华为始终坚信自身的人力资源政策，能够在"力出一孔，利出一孔"的过程中越做越科学，干部职工的进取心也能越做越大。正如任正非所讲："我们没有什么不可战胜的……如果我们能坚持'力出一孔，利出一孔'，下一个倒下的就不会是华为。如果我们发散了'力出一孔，利出一孔'的原则，下一个倒下的可能就是华为。历史上的大企业，一旦过了拐点，进入下滑通道，很少有回头重整成功的。"

1.2　发展是解决一切问题的根本

"发展才是硬道理"，这不仅是政治层面的真理，同样也是商业层面的真理。在华为人看来，唯有企业规模不断发展，员工队伍才能获得自己想要的待遇和福利，公司内部环境才能安定，面向未来的各种改革措施才能顺利地推进，这既是任正非等经历过改革开放大潮的企业家自始至终都在坚守的原则，同时也是华为自创立以来在国内外市场中反复实践而得出的一条真理。进入新世纪以后，华为面临着"标兵越来越远，追兵越来越近"的风险，在这种情况下，华为内部更加强化了对"发展是解决一切问题的根本"的认识和理解，如图1-4所示。

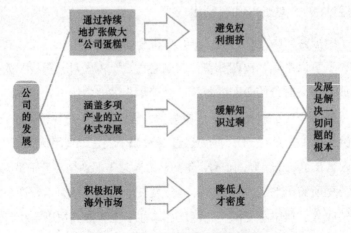

图1-4　华为以发展来解决问题的表现

1.2.1　避免权利拥挤

在凡事都追求效益的企业中，权利分配体系看似坚固实则脆弱。它是人和人之间利益和思想反复博弈的产物，需要企业相关的决策者慎重把握。此外，权利的不可共享性，决定了它注定是要通过众人的"拼抢"才能得来的。企业可以像夏日的花朵一样，通过权利这种"花粉"，让如同"蜜蜂"一样的员工为自己工作，但绝不能像守财奴一样，为了省钱让长工在逼仄的环境中哄抢本就有限的财富。

无论是采用垂直型内部架构的公司还是采用扁平型内部架构的公司，其在固有的发展内，都会不可避免地遇到企业内部权利拥挤的问题。许多企业尽管在组织结构设置以及员工岗位匹配方面做到了不偏不倚、雨露均沾，但这种内部结构式的优化不过是"螺蛳壳里做道场"的举措，既无法从"量"的层面为员工队伍提供更多的权利额度，更不能从"质"的层面改变权利对员工队伍的激励层次。

特别是当企业的员工队伍发展到几千人，甚至上万人时，如果还是固守着自己企业内部和本地的"一亩三分地"，必将在公司内部引发人浮于事、战斗力涣散等各种由权利拥挤而引发的弊端。但是，上面提到的这些弊病在华为这种成长性极佳的企业中几乎不存在，其中的一项关键原因就是公司的成长为员工队伍提供了大量的争取更大权利的机会和额度，从而避免了公司内部权利拥挤的可能。

一方面，从华为发展的地域来看，其正在积极拓展的海外市场的发掘潜力极大，那些有志于获得更高收益、行使更大权利的员工能够通过自己的奋斗来将这些隐性的权利变为显性的权利，而不是从既有的"权利蛋糕"中和别人拼抢。另一方面，从华为发展的技术领域来看，其正在不断壮大的多元化的产业结构更是具备了近乎漫无边际的相容性，华为引进的人才既可以在移动运营商业务、企业网业务和移动终端等已经成熟的部门展示自我，也可以在物联网、人工智能和大数据等方兴未艾的新兴产业中寻找"出人头地"的机会，而不同领域的华为员工之间并不存在相互重叠的权利分配体系，自然也就不会发生权利拥挤的现象。

1.2.2　缓解知识过剩

教育的普及和信息技术的进步早已使"知识"脱离了稀缺资源的范畴，正当世人还沉浸在知识大爆炸、大推广的"繁荣景象"中时，知识过剩的危机早已悄然到来。一方面，国内日新月异的科技发展，使得很多自以为掌握了行业先进知识的员工在接触实际工作之后，便在技术理念层面落在了市场之后。另一方面，全球经济经过了 200 多年的发展，早已进入了资源相对紧张的阶段，当无形而又无穷的知识遇到了有形而又有限的资源时，自然会造成两者的不匹配，一些不能集约化、高效化利用有效资源的知识自然会被市场视为"无用之物"而被束之高阁。

面对曾经是自己的优势，而今可能会成为累赘的知识，华为又是怎样做的呢？大道至简：发展。首先，华为聚焦通信信息产业，垂直整合上游芯片研发等核心能力，纵向发展云一管一端战略，垂直产业整合、多个区域的立体式发展能够最大限度地为知识提供用武之地。例如，华为实验室中开发的"寒带通信保障技术"可能不适合烈日炎炎的赤道地区，却能在千里冰封的北欧大展身手。其次，华为的发展本身就包括了对员工知识结构和内容的不断改进，通过专业的在岗培训，华为的员工得以根据市场的变化进行极具针对性的知识储备和更新，当不合时宜的知识被先进的知识所取代时，华为通过发展解决了知识类型组织中知识过剩的问题。

钱卫华在大学学的是机械电子工程专业，尽管是一名工科生，但他却对西班牙语怀有浓厚的兴趣，并利用大学 4 年的业余时间自学了西班牙语。2015 年 6 月，钱卫华通过校招进入了华为，3 个月后，他就被华为当作了支援人员派往美国加利福尼亚州工作。

尽管中美两国的文化背景存在着较大的差异，但两国的技术工作文化却基本一致，所以钱卫华很快就适应了在美国的工作——一样的设备安装原理、一样的问题解决流程、一样的客户维护工作，一切都波澜不惊，而身处英语环境的钱卫华似乎也忘记了自己还会西班牙语的现实。

2016 年 7 月，得克萨斯州一处华为通信基站受到了龙卷风的袭击，基本的功能全部遭到了破坏。当地分公司立即派钱卫华等人前去排除故障，当进入事发区域时，钱卫华等一行人都傻了眼，原来事发区域地处偏僻的乡镇，当地居民早已在龙卷风到来之前撤出了那里，现在只剩下了一些墨西哥移民。而这些墨西哥移民不会英语，只会西班牙语。

不和当地人取得充分的沟通，钱卫华等一行人既不能找到受损基站的准确位置，更无法在当地生活，就在众人因语言问题一筹莫展之时，钱卫华挺身而出，及时出面和当地墨西哥移民取得了沟通，不但很快找到了事发位置，而且还在排除故障的过程中得到了那些墨西哥移民的协助。

正是由于 2016 年 7 月那次基站修复工作中的关键表现，钱卫华得到了华为总部的嘉奖和赏识。如今，已在华为墨西哥分公司担任要职的钱卫华每每提及此事，总会感慨万分。他说："我曾以为西班牙语作为自己大学时的业余爱好，会因为步入社会后繁忙的工作而最终被我遗忘。但没想到在海外工作中，西班牙语成了我工作的重要工具。看来，一切知识在华为都会有自己的用武之地。"

1.2.3　降低人才密度

华为的人才以高素质著称，员工涉及 160 多个国家的国籍，拥有 4 万多名外籍员工，而中国籍员工 70% 以上拥有硕士及以上学历，绝大多数是 985、211 院校毕业，华为不仅有人才，而且是拥有高素质的人才。具有高素质的员工队伍就会造就一批高素质的干部，这就是华为巨大的人才密度所带来的运营优势。可以说，华为对人才队伍的建设为其高速发展奠定了坚实的基础。

华为不仅重视对人才的招录，同时还重视人才的发展和对人才的培养，给人才提供机会，通过提供机会来验证人才是否有能力。企业没有发展，无法给人才提供施展能力的平台，很容易造成人才密度过大，高素质的人才优势无法发挥，这样内耗就不可避免。华为公司通过发展不断创造新工作、安排新任务的过程有效地降低人才密度，最终使每一名人才都能各显神通、各尽其才。

20 世纪 90 年代的华为就已人才济济，郭平是华中理工大学计算机专业的高才生，1989 年加盟华为；郑宝用 1987 年毕业于华中理工大学激光专业，同年考上清华博士，1989 年被郭平引荐到了华为，并担任总工程师，在其带领下华为开发出了第一款自主研发产品；1992 年，已从成都电子科技大学毕业，并在国家安全部工作的孙亚芳加盟了华为，是日后华为人力资源与营销两大管理机制的创建者；徐直军是南京理工大学的博士，1993 年加盟华为，现任华为战略与市场总裁兼轮值首席执行官。

这些早年就已加入华为的人才现在都已成为主导华为各项工作的高级管理者，他们都曾在 20 世纪末有过在海外分公司任职的经历，有些高管甚至不止在一两个国家待过。但只要提到早年在海外打拼的经历，这些高管都会不约而同地将这一历练过程作为自己事业上的一笔宝贵财富。正是华为近 30 年的快速发展，不断创造和提供吸引优秀人才加盟的机会，优秀的人才才能在这个广阔的平台上不断地创造价值，确保公司人才密度不断地稀释而保持公司健康的活力。

诚然，丰厚的待遇是华为吸引人才的一大利器，但是仅有可观的待遇还不足以让企业充分发挥人才的潜能，唯有持续地为人才营造供其施展才华的市场环境和机会，人才的价值才不会被湮灭在狭小的空间中。华为不但重视对人才的引进，而且还在向海外市场不断扩张的过程中锻炼人才，最终造就了一支令同行艳羡、令对手钦佩的干部队伍。这种在发展中合理控制人才密度的经验不仅值得那些求贤若渴而不得的企业学习，同样也值得那些坐拥大量人才却苦于无法发挥人才潜在价值的企业借鉴。

1.3　以生存为底线的三大管理原则

"活下去"这种理念的产生源于任正非的早年经历。任正非出身于贵州的贫困山区，其父母都是中学教师，他还有 6 个兄妹。尽管生活拮据，物质匮乏，但其父母还是在资源有限的条件下，对家中的粮食等物资做好了分配和安排，保证了家中 9 个人的生活。任正非父母节俭、慷慨、忍耐的品格对其产生了巨大的影响。

正是基于这种从小耳濡目染所形成的理念，任正非在对企业战略进行管理的过程中，将"生存"放到了至高无上的位置，并在强烈的危机感下，确立了"活下去"的战略管理导向，并在此基础上，引申出以生存为底线的三大管理原则。

1.3.1　结果导向，激活过程

现代管理学之父彼得·德鲁克曾经说过："管理是一种实践，其本质不在于'知'而在于'行'；其验证不在于逻辑，而在于成果，其唯一权威就是成就。"面对残酷的商业竞争，所有先进的管理机制都必须坚持结果导向，如果企业仅仅是陶醉于自视完美的管理体系以及等级森严的管理制度，而不为最终的客户需求和市场变化进行与时俱进的变革管理，终将被残酷的市场浪潮所吞噬。

结果对企业来说意味着什么呢？结果意味着交换，意味着活下去，意味着为客户创造价值。实践证明：现实的商业竞争中，企业是自私的，企业为了活下去必须保持收入、利润和现金流；客户是自私的，世界上没有一个客户愿意为高额的福利多付一分钱；重要的利益相关体——员工亦是如此。回顾原始的商业本质：唯有结果才具有交换的价值。

1. 商道：企业为什么存在

对于企业存在的意义这一古老而富有新意的话题，仁者见仁，智者见智。华为坚持认为企业存在的目的就是创造客户，华为必须坚持以客户需求为中心，企业的目标是为了客户的利益而开展资源交换。基于这种假设，首先，华为坚持客户的价值要优于股东的价值。其次，企业保持竞争力的必要性是持续成就客户的商业成功。最后，利润应当被视为企业在经营过程中自然而然的结果，而非刻意追求的目的。

2. 天道：企业和环境的关系

正如自然界的动植物要接受优胜劣汰的环境选择一样，物竞天择同样也是商业社会的自然法则。物竞天择是一个积极求变、自我重组、适者生存的演化过程。基于这种假设，华为对自身做出了全新的定位。首先，在华为人看来，企业优胜劣汰是不可避免的自然规律；其次，企业活下去是一件不容易的事情，必须保持为客户创造价值和维持适当的利润才能活下去。任正非讲过：一个人再没有本事也能活到60岁，但一家企业如果没有本事也许6天都活不下去，但一家企业有本事可以活100年或许更长。最后，残酷的市场竞争告诉我们，企业是自私的，因为它们想活下去。

3. 人道：企业和利益相关者的关系

基于西方经济学观点，人性是自私的，人是自然人，更是社会人。基于这种假设：华为对广大员工最在意的东西——利益，进行了深刻的剖析。首先，利益的本质既是生存的机遇，又是让来自五湖四海的员工走到一起的根本原因；其次，需要在实践层面制定一套顺应人们满足人性的管理机制。一方面，华为将不信任和规则约束当作增进员工队伍信任感的前提条件。另一方面，华为在利益分配方面也尽可能地做到利己和利他的一致，既不让员工感到自己受了委屈，又防止了员工嫉妒心和"红眼病"的产生。

华为在管理过程中，坚持结果导向，其目的是平衡企业、客户与员工之间的利益冲突，唯有结果才能平衡这三者之间的矛盾。实践表明，华为、客户和员工共同形成了利益共享的生态系统，各取所需，通过结果进行利益交换，而结果恰恰是利益均沾的核心基础，如图 1-5 所示。

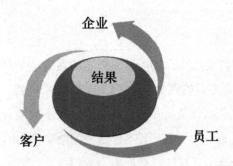

图 1-5　华为坚持以结果为导向的 3 个方面

30 年前的中国通信设备市场所呈现的是"七国八制"的行业格局，"七国八制"指的是当时的通信设备市场一种产品会由七个国家提供，这就意味着当时的市场基本上已被外资企业垄断。而华为为了确保生存，执行了"农村包围城市"的策略。将自己业务的主攻方向放到了农村和县级市场中，接着向地级市逐步拓展，最后再向中心城市扩张，而这也是当时的市场环境留给华为的生存空间。

到了 2000 年，随着技术和产品能力的提升，华为的产品面貌也从单一的产品逐步过渡到了产品解决方案层面，华为对于客户的价值也从满足客户需求逐步升级为了为客户创造价值。此时，中国移动、中国联通和中国电信三大运营商已成为华为最重要的客户。华为"农村包围城市"的发展路径表明：企业要想活下去，必须围绕客户需求创造价值，企业在为客户创造价值的过程中获取适当的利润是天经地义的事，同时也需构建好具有较大贡献的员工的利益分配机制，这一点在华为的股票分配机制中具有较为充分的体现。

1.3.2　以规则的确定性来管理结果的不确定性

华为坚持结果导向，但企业的经营结果往往充满不确定性，也正是充满不确定性才让企业可以获得超过同行平均的利润水平。同时，企业未来的发展实际上是不清晰和不可预知的，是整个社会和环境同时在设计、影响企业，企业存在必然要应对不确定性，企业发展意味着更大的不确定性和挑战。华为不可能理想地确定未来的结果，但可以建立一系列规则，共同应对不确定性和挑战，减少人为的不确定性，避免混乱。

对华为这样一家在行业内全球领先的企业来讲，不同地域、不同时点、不同情景所对应的风险也是大不相同的，华为要对可能出现的各种情况做出相应的预案规则，尽可能地减少潜在的隐患，用规则的确定性来管理结果的不确定性。

华为在公司内部制定了严格、科学、有效的规则以及相应的监督管理体系，而这些制度和规则的内容全部都是华为为了应对未来的不确定性和挑战而制定的。华为近30年的实践，构建了一系列的确定性规则，如《华为基本法》，规范的公司治理结构，以客户为中心、以生存为底线的管理体系，计划、预算、核算及决算的资源配置体系，各运营中心差异化运作与自我管理机制，通过与IBM合作构建以IPD、ISC及IFS等业务统一平台的经营管理体系等。总之，华为坚持结果导向，但结果充满不确定性，坚持通过建立规则的确定性来应对未来结果的不确定性，同时因为结果的不确定性反作用牵引规则的改进。

1.3.3　乱中求治、治中有乱

"乱中求治，治中有乱"。公司运作实际是一种耗散结构，在稳定与不稳定、平衡与不平衡间交替进行，保持公司的活力。按照普通人的理解，不管是治国、齐家，还是治理公司，肯定要追求稳定而不是混乱。"乱"意味着动荡，"乱"意味着内讧，所以企业要尽量避免公司出现"乱"的情况。然而，任正非却通过自己的思考提出了"乱中求治，治中有乱"的企业管理哲学，并通过华为自身的实践让这种外人眼中的"悖论"书写了成功的注解（如图1-6所示）。这也是华为重要的管理指导思想之一。

"治"与"乱"看似是水火不相容的两个极端，但二者其实是相生相伴的。在一家公司良性发展的过程中，"治"与"乱"犹如宝剑的两刃，双方之间不仅存在着相互制约的关系，而且也能在把握得当的情景下互相促进。企业在初创期通过规范的管理来巩固成绩，步步为营，为取得更大发展积累条件，是为"乱中求治"。在这之后，企业再以坚实的管理制度作为保障，不断进行各种改革和激励，通过管理的创新激发员工的新活力，直到企业的发展遇到新的契机，取得更高的效益和更快的发展，是为"治中求乱"。当企业完成这两个对立面的体验之后，便可以在内部构建新的规范，继而实现新的互动，最终让企业在不偏不倚中做大做强。

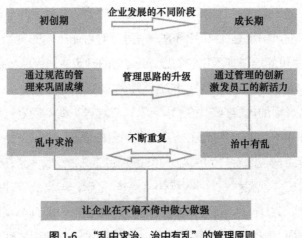

图1-6　"乱中求治、治中有乱"的管理原则

1.4　一个基因、三个价值链的管理模式

从公司正式诞生的那天起，华为就同绝大多企业一样，在努力探索企业管理模式，研究如何让企业更加高效地生存下去。在将近30年的时间里，华为一直坚守着"以客户需求为中心，以奋斗者为本，长期坚持艰苦奋斗，持续自我批判"的核心理念，并在不同的维度以及工作领域持续地与全球多家专业的管理咨询机构开展合作，最终形成了其"一个基因、三个价值链"的管理模式，即以企业文化基因为中心，将企业的战略价值链、业务价值链及人才价值链作为三个基本点，同时应对客户需求、商业环境、业务调整的适时变化，确保与时俱进的管理变革（如图1-7所示）。

1.4.1　秉承企业的文化基因

"以客户为中心，以奋斗者为本，长期坚持艰苦奋斗，持续自我批判"，这便是华为的企业文化核心价值观。简单来说，就是谁最能把客户放在心上，最不怕吃苦，最能认清自己，最能出业绩，谁就最有资源的分配权和发言权。

图1-7　一个基因、三个价值链

华为为了能够获得在市场的生存，一开始就确立了以满足客户需求为核心的企业文化，不断地为客户提供贴身服务，并快速地对客户的需求做出响应，对客户提出的问题进行及时的处理，从而弥补自身产品力量的缺陷，最终赢得市场。无论是在2004年大海啸中的印度尼西亚，还是在2011年大地震中的日本，华为始终关注客户的需求，积极帮助客户应对各种问题，帮助客户成就商业成功。

从华为如此简单但直接的文化阐释上我们可以看出，华为的文化本质上就是一种"蓝血绩效文化"，带有强烈的军事文化与校园文化特征，在实践中更加突出业绩导向与任务执行，更加强调把外部竞争压力转化为内部工作压力，更加重视对沉淀层的持续激活。就是在这种令行禁止式的企业文化影响下，华为在企业内部营造出了"高压力、高绩效、高回报"的"三高"文化氛围。尽管这种文化在一些局外人看来有些"冷血"，但它在现实中却能真真切切地实现很多企业梦寐以求的绩效管理状态：绩效压力的传递过程即时化，绩效管理的评判标准孔径一致，企业一律通过绩效来评估干部的选拔和任用。

企业文化之于企业，犹如灯塔之于航船。华为近 30 年的经营管理实践表明，思想问题是经营管理的核心问题，经营管理首先就是经营人心，思想权和文化权是管理者最大的权利，企业需要借助精神力量来实现上下同欲，统一思想。精神力量可以转化为物质，物质促进精神，二者良性互动。华为的核心价值观深深植入全体员工内心，确保全体员工思想统一。

1.4.2　努力实现公司战略

从堪称百年大计的发展愿景，到引领公司在云谲波诡的商业"红海"中搏杀的战略目标，再到直达每一名员工灵魂深处的核心价值观，华为在企业管理的不同阶段和不同层次中，为自己设定了全方位、立体化的发展战略目标。

愿景：丰富人们的沟通和生活。使命：聚焦客户关注的挑战和压力，提供有竞争力的通信与信息解决方案和服务，持续为客户创造最大价值。这是华为在 21 世纪的第二个十年为自己确立的愿景与使命，而要实现这个愿景和使命，华为的员工就必须将所有的精力聚焦在客户层面的挑战与压力上，持续地为机构或个人客户提供高品质、低成本和高效率的优质服务，竭尽所能为客户创造更高的价值。

在战略目标的管理方面，一方面，华为坚持以生存为底线，力出一孔，在研发管理、市场管理、销售与服务、供应链管理、财经体系和人力资源管理体系等业务领域持续进行了近 30 年的摸索与实践。另一方面，华为坚持同世界顶级管理咨询公司合作，引入科学的管理工具（如 BLM 模型，即业务领先模型）确保从战略制定到战略执行均能得到科学有效地执行。

1.4.3　业务管理平台建设

任正非曾经和华为的高层讨论过这样一个命题：人是有生命的，而有生命的东西终将难逃客观的规律和宿命；人是迟早要离开自己的本职工作的，即便不离开也是会死的，谁都无法摆脱这一历史规律，我们到底能为企业留下一些什么东西？资金、技术、人才、文化，还是所谓的企业家精神？其实都不是，唯一能为后人留下的是一套可供执行的管理机制，其中就包括员工的管理机制和业务的开展机制。这些看似毫无生命感的东西，必将能超越生命自身的价值与意义。

一言以蔽之，企业的基业长青绝对离不开其对流程机制建设的核心作用。

1997年，已在市场中搏杀了10年的华为再一次遇到了自己的瓶颈：一方面是公司无法及时地适应日益复杂化的市场环境，另一方面是公司对客户需求无法做到及时的响应。面对来自客户和市场的双重压力，华为毅然选择同IBM合作对自身的流程进行了流程管理变革，经过近20年的不断优化和完善，目前已形成15个一级流程，全业务覆盖华为相关业务。

通过对机制平台的搭建和维护，实现"法制管人"是世界五百强企业普遍认可的做法，同时也是广大企业在实践中能够被证明的最可靠的管理工具与方法。20世纪80年代，迈克尔·哈默面向管理界第一次提出了流程管理理论，并在30年的历史中逐渐演变成了公司治理层面最具有变革意味的管理工具。

企业对流程机制的管理本质上是在研究做事的方法。一些在表面上看起来顺理成章的事情，其背后往往会涉及公司内部各个部门或团队的利益再分配，从这个意义上来看，流程机制建设其实就是一种管理变革。既然是变革，那就必须考虑实施过程中会遇到的阻力。华为通过同IBM等世界顶级管理咨询公司合作实施了一系列卓有成效的流程管理变革。在推进管理机制建设的过程中，任正非亲自出马领导对管理体系的改善工作，从最基本的管理体制开始抓（如ISO9000质量管理体系），到专业的企业资源计划（ERP）系统的改进和完善，再到细化到每一名员工个人的绩效考核体系（KPI）的设定等工作，任正非都会事必躬亲地参与到相关的评审会议中，并会适时地提出有效的建议。

1997年以来，华为分步骤地开展了集成产品开发流程（Integrated Product Development，IPD）、集成供应链管理（Integrated Supply Chain，ISC）、客户关系管理（Customer Relationship Management，CRM）、集成财经管理（Integrated Finance Service，IFS）、从线索到回款（Lead To Cash，LTC）等一系列的流程管理变革。随着华为经营规模的逐渐扩大，其内部的管理机制已由过去的习惯性管理逐渐演变为系统化、流程化、标准化的世界级管理体系，正逐步推动华为从优秀迈向卓越。

1.4.4　科学开展人才管理价值链

如果把企业比作一棵正在成长期的大树，人才便是长在每一根树枝上的"绿叶"。这些"绿叶"不仅通过其才干维持了企业的正常运转，更通过其敏锐的眼光，为企业的生长探索出了更为广阔的天地。将人才比作企业的发展之源一点也不为过，正所谓"致天下之治者在人才，成天下之才者在教化"。社会对人才的塑造需要后天的不断培养，而企业对人才的管理更需要科学的方法。作为世界通信行业的佼佼者，华为科学的人才管理理念和模式值得所有中国企业学习。

截至 2000 年年末，华为在海外市场的拓展取得了初步的成效。在此基础上，华为对自身的业务战略进行了进一步的细化和革新。华为在人才战略层面通过"高职高薪"的手段大量引入了具有跨国公司从业经验的人才，帮助公司在全球开疆展土。

在这个时期，在华为的销售体系、研发体系和供应链体系中，随处可见具有外资背景的员工。而从机构设置的角度来看，这一时期的华为也在全球大量布局研发中心和海外分公司。用任正非的话说就是"通过全世界具有跨国经验的明白人带领聪明人开展全球化"。而在现实中，很多具有海外背景的员工也确实为华为在全球市场的拓展做出了重要贡献。

"宰相必起于州部，猛将必发于卒伍"。政治领域的干部升迁一向追求从一线做起，而这种务实的人才观念在商业社会中依然适用。华为坚持从具有基层经验的员工中选拔干部。对于那些被华为录用的新进员工来说，在进入公司一周以后，自己的博士、硕士、学士的学历，以及之前在学校或原单位所取得的荣誉均会被华为全部抹去。一切都将从零开始，薪酬、职位及所有的名与利都要靠自己的实际能力来争取。华为在对人才管理价值链中抓的核心就是干部管理，正如擒贼先擒王。同时关注人才的选拔，对人才进行重金培训，华为大学正是训练将军的摇篮，同时做到"利出一孔"，对人才进行有效的利益共享，人才永远在商业成功中处于首要位置。

1.5 经验总结

1. 聚焦客户价值创造，回归商业本质，是华为管理经验总结中最重要的法宝之一

过去的 30 年华为坚持以客户需求为中心，坚持不以股东利益最大化为目标，也不以利益相关者利益最大化为原则，构建以客户利益为核心的生态链，不断成就客户商业成功，从而建立华为庞大的商业帝国。

2. 企业的管理水平必须同企业的经营水平相匹配

纵观华为的发展历程，从草创到全球领先，从混乱到科学有序，从"人治"到"法治"，再到"法治"与"文治"并重的管理体系演变，华为始终坚持以客户需求为驱动推进各项管理变革，不同的阶段采用不同的管理模式，从而有效提升企业的竞争力。

3. 管理永远没有最佳模式，保持开放、灰度和妥协是关键

正如任正非所讲：没有资金可以筹资，没有人才可以培养，没有技术可以研发，但没有管理可能就没有一切。华为唯有坚持开放、灰度和妥协的方式，找到最适合自己发展的管理，通过管理有效地整合资金、人才和技术，才可能活下去。实践证明：一个基因和三个价值链管理正是华为管理模式的高度提炼与升华。

第2章

> 思想统一平台：
文化管理实践

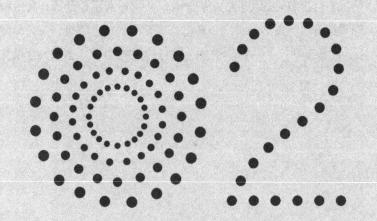

资源是会枯竭的，唯有文化才会生生不息。一切工业产品都是人类智慧创造的。华为没有可以依存的自然资源，唯有在人的头脑中挖掘出大油田、大森林、大煤矿……。精神是可以转化成物质的，物质文明有利于巩固精神文明。我们坚持以精神文明促进物质文明的方针。这里的文化，不仅仅包含知识、技术、管理、情操……，也包含了一切促进生产力发展的无形因素。

——《华为基本法》

2.1　文化的基本内容要求

从华为 30 年的管理实践来看，企业应有三重修炼：第一重是战场，弱肉强食、适者生存，能活个几年，在战场谁都撑不了太久；第二重是赛场，你追我赶、强者愈强，能活个十来年；第三重是"道场"，神圣虔诚、和谐共生，活个几百年都是短的。只有真正到了第三重，企业才有活下去的源泉。

2.1.1　企业文化的表现

文化作为一种概念上极为抽象，内涵上又极为广泛的精神产品，其内在层次是十分复杂的，企业文化也不例外。事实上，随着理论层面企业文化研究的深入以及实践层面各类企业不断为企业文化注入新的内涵，现在企业文化的表现已经形成了一种由内而外、层层递进的"洋葱模式"，如图 2-1 所示。

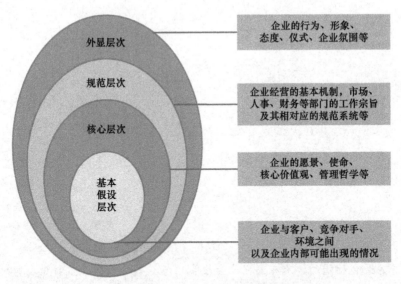

图 2-1 企业文化所呈现的"洋葱模式"

1. 外显层次

外显层次的企业文化就是一家企业最表面化、最直观化的企业文化。因为这部分企业文化能够直接被感受到，并在实际经营过程中具有可操作性，所以这种层次的企业文化也被称为公司的"硬文化"，其中包含了企业厂房和企业员工的外在面貌、产品设计和制造的理念、产品的外观、售后服务的方式等。

2. 规范层次

规范层次是企业文化的具体体现，与外显层次面向所有人的企业文化有所不同，规范层次的企业文化往往只针对企业内部。而这是由其制定目的决定的——规范层次的企业文化主要是为了给企业的员工提供工作过程中的指导的同时给予约束，进而将员工的个人追求融合进公司的长远发展之中。规范层次的企业文化包含管理体制、人际关系方面的要求以及公司内部的各类规章制度和纪律等。

3. 核心层次

核心层次是企业文化最本质的体现，是企业文化的灵魂。核心层次的企业文化包括企业的愿景、使命、核心价值观和管理哲学等。这些内容虽然看起来会让人感到高不可攀，但对于企业的经营者来说，却是其制定企业文化核心诉求的体系。在企业文化的"洋葱模式"中，核心层次组成了企业的价值标准，而这种价值标准和规范层次的企业文化相融合，便构成了企业文化的完整体系。

4. 基本假设层次

基本假设层次是企业文化建立的核心基础，是构建愿景、使命、价值观和管理哲学中所需要的基本假定条件。基本假设层面往往反映一家企业最底层的思想模式和价值导向。它对企业文化的最终成败起着关键性的作用。所以，尽管是"假设"，但也必须实事求是地"真为"。

2.1.2 企业文化的演进

既然企业文化并不是"无本之木，无源之水"，那么企业文化实际的形成过程又是怎样的呢？基于19世纪末法国社会学家塔尔德的著作《模仿律》中衍生而来的扩散理论和社会学习理论，再结合企业文化的形成规律，可以总结出企业文化演进的真正逻辑，如图2-2所示。

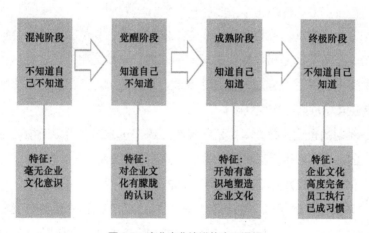

图 2-2 企业文化演进的真正逻辑

1. 企业文化的混沌阶段：不知道自己不知道

在企业创业阶段的前期，因为企业尚处于草创阶段，企业经营者缺乏足够多的阅历，所以这一阶段企业经营者对企业文化的认识基本上处于蒙昧的状态，不仅没有成文的企业文化，甚至也没有培养企业文化的意识。但这并不意味着在草创时期的企业身上就看不到企业文化的影子，实际上这一阶段的企业文化正在以人们常见的形式存在，那就是情感。

在企业的草创阶段，管理者既没有意识也没有精力去考虑企业文化的事情，最多也就是根据经营的实际需求以口头或书面的方式订立几条简单的管制性规则，以期企业中的所有员工在讲人情、讲义气的环境中能够同甘共苦，渡过创业时危险期。

2. 企业文化的觉醒阶段：知道自己不知道

在经历完草创时期的混乱和蒙昧时期之后，相关企业便逐渐走上了创业的正轨，而正是在这一时期，企业经营者会逐渐意识到企业文化的缺位，并会初步认识到确立企业文化的必要性。而促使企业经营者产生这种意识的原因主要来自以下两方面。

一方面，初创型企业刚刚步入发展正轨的时候，原有的"人治"型管理制度势必会和正规化、契约化、纪律化的现代企业治理要求相矛盾，企业的经营者要想保证企业的健康发展，就必须摒弃原来在管理公司过程中的人情世故。

另一方面，随着创业型企业逐步走上发展正途，其员工规模也会扩大，而公司的新人不可能都是相关企业管理者的亲朋，当员工和领导之间不存在固有的人情关系时，情感式管理也就无法奏效。只有适时地插出企业文化的大旗，才能在新进员工的内心产生共鸣。

这一时期的企业文化，虽然已经渐渐显露出了雏形，但由于相关企业经营者认知上的不足。在执行层面和心理层面还会稍显稚嫩甚至是滑稽。

3. 企业文化的成熟阶段：知道自己知道

当一家企业渡过了创业的初级阶段之后，正式走上了发展的正轨，那么这家企业的文化也就会随之步入正轨。这一时期的企业文化对于企业的所有员工来说，已经变得十分熟悉，而企业文化自身也在员工的身体力行中逐渐成熟。

自上市以来，卡顿问题就一直影响着用户对 Android 手机的使用体验，而很多 Android 手机企业也在不遗余力地对 Android 手机的运行效果进行优化。但其中搞噱头的企业居多，真正能实现 Android 手机流畅运行的企业则寥寥无几，而华为正是这几家极少数解决了 Android 手机卡顿问题的企业之一。

面对客户因 Android 手机越用越卡而怨声载道的现实，华为的技术团队的解决思路并不是从以往的提高内存运行速度入手，而是着眼于 Android 系统自身。华为几十个相关人员先是对安卓系统的内核进行了仔细研究，接着对华为手机中的 Android 系统进行了重新编辑，这相当于给系统做了一个"心脏移植"手术，其中涉及几千万行代码的更改。功夫不负有心人，华为最终成功实现了连续 18 个月的流畅运行。时至今日，"天生快，一生快"仍然是广大用户对华为手机的最大印象。

4. 企业文化的终极阶段：不知道自己知道

当企业文化随着企业的管理体系逐渐成熟而进入终极阶段时，企业文化建设将进入不知道自己知道的阶段，无论是针对企业内部的各项规章制度，还是针对企业外部的各种宣传行为，都能做到实用、有效、科学，都能恰到好处地调动起各类有利因素促进企业的发展。在执行层面来看，企业的员工会在日常工作中不自觉地、积极主动地遵守和发扬企业的文化。

从以上关于企业文化演进的四个阶段来看，企业文化产生和发展的历程几乎也同时伴随着相关企业的成长历程。只不过在这个过程中，企业文化由隐性的领导层所倡导的企业核心价值观，逐渐演变成了全体员工在实践中和交流中共同遵守的"精神契约"，这既是一个从单方面到多方面的过程，又是一个文化觉醒的过程，当然企业负责人在企业文化建设中处于主导地位。

2.2　华为文化管理实践的形成过程

所有企业的文化形成都同企业的发展息息相关，企业在面对激烈的商业竞争的过程中逐步形成自己的核心价值观，华为也不例外。华为企业文化的发展与华为自身的发展紧密相连，以华为的成长历程为线索，可以将华为文化管理实践形成的过程大致分为三个阶段，如图 2-3 所示。每到一个新的阶段，华为的企业文化都能焕发出新的鲜明特点，而不同阶段的企业文化基本上也适应了华为对于公司成长的实际需要。通过对华为文化管理实践形成过程的梳理，读者可以更好地理解华为对企业文化的认识和实践。

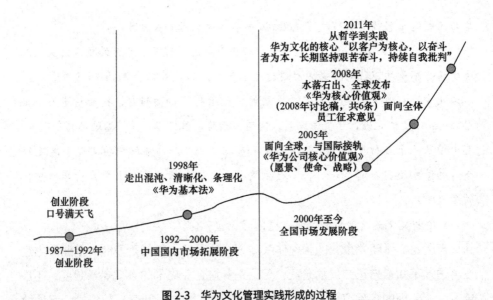

图 2-3 华为文化管理实践形成的过程

2.2.1 1987—1992 年：创业阶段

20 世纪 80 年代末到 20 世纪 90 年代初这段时间是华为的创业阶段，而作为一家处于草创时期的企业，其员工的主要精力都放在产品设计和销售等事关企业生死的业务方面，其重心是解决活下去的问题，而相对"务虚"的企业文化，华为也没有太多的精力来设计和塑造，所以这一阶段华为企业文化的特点就是多而杂乱。用华为人自己的说法就是"口号满天飞"。尽管如此，在"强人"任正非的领导下，这段时间还是初步形成了自己的文化基因：满足客户需求、艰苦奋斗、抓住机会及结果导向等最原始的商业逻辑，其中最鲜明的两种企业文化符号就是"垫子文化"和"狼性文化"。

1. 垫子文化

20 世纪 80 年代，初出茅庐的华为正处在艰难起步的阶段，没有经验、没有资源、没有关系，其经营难度可想而知。但华为为了活下去，唯一的动力就是尽快开发出满足客户需求的产品，让大家有工资发。为了能够尽快地研发出符合客户需求的产品，加班成了华为员工，特别是研发人员工作的常态。加班时间经常会持续到晚上十一二点，通宵加班也是常有的事。在这种情况下，很多研发人员干脆选择直接在公司过夜。而为了解决在公司过夜的问题，很多员工都购买一个垫子，专门用来晚上加班后睡觉，第二天睡醒之后接着工作，以期保证项目的顺利交付，满足客户的产品需求。当然，最初在公司"打地铺"的那群华为员工中，就有如今业已声名显赫的任正非。

曾经一群富有激情和理想的奋斗者吃住在狭小的办公室中，通过"打地铺、睡垫子"的方式为中国的通信事业而努力奋斗，这就是在华为内部广为传颂的"垫子文化"。30年过去了，今天的华为依然还保留了"打地铺、睡垫子"的传统，尽管现在的"垫子"模样和用途都发生了变化，今天更多的是用于员工的午休，但人们依然能在垫子上看到华为的奋斗文化，"垫子文化"符号已变成了华为长期艰苦奋斗的图腾。这种艰苦奋斗的精神给华为员工植入了奋斗文化的基因，并激励了一代又一代华为人前仆后继，直至将华为的旗子插遍世界的每一个角落。

2. 狼性文化

磨难是一种财富，逆境最能造就将军，在波澜不惊、一帆风顺的环境中注定无法出现能征善战的统帅。华为对于艰苦奋斗的这种认识，不仅来自任正非本人的社会实践，同样也来自他对自然界的观察。的确，正如狼必须通过艰苦卓绝的狩猎才能生存一样，华为的成长也离不开一支敢打敢拼、作风顽强的干部队伍。猎物不可能自己主动跑到狼的嘴边，业绩也不可能轻易地让员工获得，特别是在企业的草创阶段，一切都需要在如旷野般艰苦的环境中努力争取。

基于商业社会固有的自然法则和自身生存的需要，华为构建了自己独特的狼性精神，如图2-4所示。

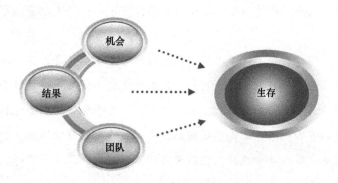

图2-4　华为狼性精神的基本构成

朴素的东西往往就是经典的东西。狼要想活下去，就需要不断地寻觅猎物、抓捕猎物。企业要想活下去，也需要像狼一样。对于华为而言，狼捕捉猎物的机会就好比是市场中稍纵即逝的商机。近几年以团队合作的形式不断开拓全球市场的华为人显然就是狼，华为的文化就是狼性文化，华为人的精神就是狼性精神。

再者，狼对于每次行动的结果都抱有高度的执着，无论风吹雨打都不能轻易改变一匹狼的目标追求，华为亦然。对于华为人来说，外界的流言蜚语和运营中遇到的问题，只会变成自己愈挫愈勇的垫脚石，而不会变成让自己退缩的拦路虎。当企业拥有了如狼群般凶悍的团队和敏锐的机会洞察力时，实现预期的结果也就变为了顺理成章的事情。

任正非曾经多次谈到狼性精神，他认为企业若想生存，就必须培养出一批"狼"，企业若想发展，就更需要大量的具有扩张性和进攻性的"狼性干部"。狼生存下来的有三大优势：一是有灵敏的嗅觉；二是坚韧不拔、奋不顾身的进取精神；三是团结奋斗。这三大要素也是企业得以存活的根本条件和要求。

任正非还提出"狼狈组织"的组织管理模式，直接体现了狼的团队精神。一方面，相关干部要在本部门、本团队中挑选出一批观察意识强、敢闯敢拼，并且愿意和他人并肩作战的员工组成"尖刀班"，抓住一切机会开拓市场、销售产品，这些担负突击任务的人员就是"狼"。另一方面，相关干部还得将那些做事沉稳、有计划性的人员组织起来，积极进行标书制作、法规审核、行政服务和上传下达的工作，而这些为突击人员提供支援服务的人员即为"狈"。将狼和狈结合起来，将进攻和后勤结合起来，这正是相关干部完成目标的有效手段。

早在华为创建初期，任正非就是狼性精神的忠实执行者，这一点在他面对机会的做法上表现得特别明显。例如，几头狼在搜寻猎物时，往往会遇到比自己实力更强的麝牛群。面对如此强悍的对手，狼不会退缩，而会先把麝牛群赶往山坡一侧的开阔地带，完成包围圈后，再一鼓作气将牛群冲散，打破对方的凝聚力。当麝牛群四处奔逃时，狼群便可以从容地扑杀弱小的个体。对于这样的做法，我们可以理解为面对强大对手时的大胆创造。

华为摆脱创业初期困境、击败友商的战术和上述案例中狼的做法如出一辙。在公司创立初期，华为在毫无名气，与巨头竞争的过程中天然处于劣势，客户对华为更是知之甚少。但是，就是在这样的环境下，任正非和他的团队没有退缩妥协，而是以果决的毅力和高明的战略视角，发现并捕捉商业机会，充分发挥团队的优势，一步步在奋斗中发展壮大。这个阶段的华为为了生存、活下去，被逼出了"狼"文化。这段历史也给同行友商留下一个印象，就是华为就是"狼"。时至今日，华为很少提及"狼"文化，更多提的是正规军的作战方式，华为早已建立起全球领先的研发平台、销售与服务体系、全球资源整合平台及比较优势的商业模式等。但"狼"文化的基因：机会第一，结果导向，群体奋斗等文化精神依然流淌在华为人的血液中。

2.2.2 1992—2000 年：中国国内市场拓展阶段

到 1996 年，通过近 10 年的拼搏，华为不但顺利地生存下来，而且还形成了一定的规模。此时，任正非对于华为的发展又有了新的思考。一方面，作为一家通信技术企业，要想赢得更广阔的市场，就必须进行全球化经营，构建全球化的生态。另一方面，随着公司规模的扩大，需要建立更加科学规范的管理体系以应对新的市场竞争。正是基于这种前瞻性认识，中国企业界首部企业法——《华为基本法》应运而生。

在编写《华为基本法》的初始阶段，所有人对于编写该项准则的思路以及应当被该准则收录的内容都是毫无头绪的，甚至包括任正非本人在内，对于这部基本法的一些编写细则也没有什么明确的思路。但在当时的华为人心中有一点是非常清楚的，那就是华为必须通过一部成文的法则将企业的核心价值观、处理矛盾的方法以及公司在未来经营过程中的指导意见做出明确的细化。

在公司内部没有人能为基本法的制定做出科学的部署，因此华为聘请当时中国人民大学的 6 位教授作为《华为基本法》的草拟专家。任正非向起草《华为基本法》的专家团队阐述了自己的要求，《华为基本法》应当指明两点，一是华为取得成功的原因，二是华为在未来要想获得更大的成功还需要从哪些方面入手。站在今天的角度来看，任正非当年提出的这两点正好是那段时间华为对其既有成功经验的总结，以及对未来的畅想。

1996 年，《华为基本法》正式进入讨论阶段。1998 年 3 月，初步成型的《华为基本法》完成了审议并顺利地通过了华为高层的审核。在之后的几年时间里，华为又对其做出了一些修正，但《华为基本法》的总体面貌从未改变。作为指导华为发展的纲领性文件，《华为基本法》从制度上奠定了华为发展的主基调与核心要点，对华为未来的发展进行了前瞻性的规范和要求。《华为基本法》主要包含华为的整体宗旨、经营政策、组织政策、控制政策、人力资源制度和修订法等 6 章、25 小节以及 103 条细则，这些内容基本涵盖了华为在开展业务和公司治理过程中的所有方面。其最大的作用在于实现了华为高层管理团队在思想境界层次的初步统一。

《华为基本法》的讨论历时 3 年，易稿数十次，意义极其深远。从华为自身的角度来看，《华为基本法》对华为已有的成功经验进行了文本化的梳理与固化，使得原本一片混沌的公司价值观逐渐变得清晰化、条理化。同时，《华为基本法》体现了任正非对公司未来发展的前瞻性思考，为企业及管理团队直接阐述了未来的发展方向与经营思路。通过基本法，高层管理团队在华为未来发展的思路上再次得到了升华和统一。从整个中国企业界的角度来看，华为出台《华为基本法》的举措更是开创了中国企业界管理的先河，它是中国企业界首部企业管理标准，在企业管理界的影响意义深远。

2.2.3 2000 年至今：全球市场发展阶段

从 1998 年起，华为的企业文化随着公司国际化进程的加快而成型。随着学习和借鉴世界级管理咨询公司（诸如 IBM 等国际巨头）在企业管理方面的经验，华为企业文化的本土色彩在世纪之交开始逐渐变淡，而华为对于愿景和使命的讨论在这一时期逐渐变成了华为企业文化的重点。目前，华为的企业文化已经从简单、本土的中国式企业文化变成了可持续优化的全球性的企业文化。

1. 从中国特色逐步过渡到与国际接轨的企业文化

进入 21 世纪，华为面临的经营环境发生了较大变化，从国内市场正逐步向全球化管理延伸，基于客观经营环境的变化，任正非及高层管理者再次对公司的愿景、使命及价值观进行了深度思考和讨论，分别在 2005 年、2008 年及 2011

年进行 3 次大的讨论和总结。

2007 年，华为发布了全新的公司商标，并将"丰富人民的沟通和生活"作为公司未来的发展愿景，同时还把"聚焦消费者关心的挑战和压力，为用户提供高品质的通信解决方案和服务，不断为用户创造更多价值"当成了华为最新的历史使命。

2008 年，华为发布了自己的核心价值观，这 6 条价值观分别是自我批判、团队合作、成就客户、开放进取、至诚守信、艰苦奋斗。同时，华为还确立了自己的愿景，即"丰富人们的沟通和生活"。接着，华为又确立了"聚焦客户关注的挑战和压力，提供有竞争力的通信解决方案和服务，持续为客户创造最大价值"的使命。

在核心价值观的基础上，华为又进一步确立了公司战略：为客户做好服务是华为存在的唯一理由；客户的需求即为华为发展的驱动力。华为应使自己的产品变得优质，同时提升自己的服务水平、减少运作成本，优先满足消费者的需要，最终强化自己的市场竞争力与盈利能力。在实际经营过程中，华为应当对管理工作进行持续的变革，完成高效的流程化运作，保证端到端的优质交付。华为将在世界范围内构建云－管－端的战略，为全球消费者带来更加卓越的服务与体验。

2. 从哲学到实践：逐步形成企业文化核心价值观

华为经过了近 30 年的企业文化实践，到了 21 世纪的第二个十年已经日臻完善。2011 年，在对华为企业文化的外在表现和内在本质进行了充分认识和论证之后，以任正非为首的华为高级管理者终于提出了涵盖全球客户和公司双方的企业文化，并一直沿用至今。

华为当前的企业文化核心价值观总结起来其实就是 26 个字——"以客户为中心，以奋斗者为本，长期坚持艰苦奋斗，持续自我批判"。尽管内容不多、叙述也比较朴实，但就在这短短 26 个字的经营管理方针中，我们却能感受到华为企业文化的深刻内涵和华为在设计企业文化时的良苦用心，如图 2-5 所示。

• 以客户为中心

以客户为中心这一核心价值观回答了华为的存在是为了谁的问题。华为存在的价值就是为客户创造价值，成就客户商业成功，坚持为客户服务是华为存在的唯一理由。说明华为一切工作的落脚点都在客户需求身上，客户价值优于股东价值，它所追求的是客户利益与企业利益之间的均衡。

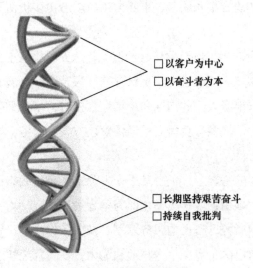

□ 以客户为中心
□ 以奋斗者为本

□ 长期坚持艰苦奋斗
□ 持续自我批判

图 2-5 华为"核心价值观"

英国电信是世界上首屈一指的通信平台运营商，其服务范围涵盖了欧美和亚太两大区域。2003 年，英国电信开始着手进行其"21 世纪网络"项目，这对于当时急切地想要进入欧洲市场的华为来说，可以说是一个千载难逢且不容错过的机会。

2003 年 11 月，英国电信正式启动了对华为的认证工作，而华为方面也做好了充分的准备。然而，面对英国客户严苛的认证标准，华为还是暴露出了很多问题。

一方面，在正式的问答环节，华为的技术人员面对世界一流水平的专家的细致问题完全束手无策。英国电信的专家提出这样一个问题："在可能会影响到产品和服务质量的所有因素中，若从端到端全过程的视角来看，需要优先解决的前 5 个问题是什么？"当时在场的华为员工竟然无一人可以答得上来。另一方面，在认证过程中出现的一些小插曲则更让华为方面感到尴尬。当着英国电信专家的面，华为一名鲁莽的研发人员在没有采取任何防静电措施的情况下，直接从尚在调试的机架上硬生生地扯下一块电路板，头也不回地扬长而去，而在华为宣称"世界一流水准"的厂房中也莫名出现了一滩水渍。

在完成了所有认证工作之后，英国电信的专家给华为打出了分数。不出所料，华为在硬件指标方面得分较高，但在"整体交付能力"等软性指标上得分却很低。英国电信的专家在临走之前，还留下了一句耐人寻味的话："希望华为可以变成成长最快的企业。"

英国专家走后，任正非开始了反省：华为之所以在认证过程中出现了林林总总的失误，归根结底是因为不了解英国客户追求细节、注重实际的文化。吃一堑，长一智。在随后的几个月中，华为对英国电信提出的问题开展了全面的改进工作，并借着这个机会，对公司的组织、流程和管理等领域的管理方针做出了细致化、务实化的调整。在第二次认证的过程中，华为的表现终于获得了英国电信的认可，华为也顺利获得了一笔价值一百多亿英镑的订单。

从华为获得英国电信认证的历程中，大家可以清晰地看到，不同文化背景对于客户认知的巨大影响。不同文化往往会造成不同的价值判断，对于企业家来说，你认为的"甘露"，可能在客户眼中就是"毒药"。因此，以客户需求为中心应当是从客户的文化角度考虑问题，尤其是在全球化的运营体系中，而不是从自身的文化角度考虑。

- 以奋斗者为本

以奋斗者为本这一核心价值观回答了华为依靠谁的问题。华为坚持依靠奋斗者，奋斗者才是公司最宝贵的资源和财富。精神懈怠，没有奋斗精神，无法为公司创造价值的员工终将被华为抛弃。华为在努力践行贡献度不同的员工需要拉开差距，追求的是对公司贡献不同的员工之间的利益均衡。

- 长期坚持艰苦奋斗

长期坚持艰苦奋斗这一核心价值观回答了华为如何做的问题。艰苦奋斗是华为过去 30 年成功的重要法宝，未来若要继续成功仍然需要艰苦奋斗。人的生命是有限的，但企业的生命在某种程度上是无限的，企业要保持基业长青，长期艰苦奋斗就是一个必要条件。

在一次外媒采访中，西方记者向任正非提出了这样一个问题：华为在如此短的时间内就席卷全球通信设备行业，靠的是什么？任正非回答道："我们只是做了一件事，那就是在别人在喝咖啡的时候我们还在加班。"

2015 年 2 月，华为的人事主管潘基强乘坐飞机抵达了贝宁，正式开始了自己在非洲艰苦地区的工作，当时的他怎么也不会想到，在贝宁短短两年的经历成为他对于"奋斗"二字最精准的诠释。

2015 年 7 月底，对法语一窍不通的潘基强独自一人背起了行囊，开始了下站点探访工程师的工作。短短三天的时间，潘基强竟走过了一千二百千米的山路，沿途经过了首都科托努、阿波美卡拉维、博希孔、帕拉库、朱古、纳蒂廷古、落阔萨等站点。非洲基建十分落后，潘基强所走的路基本都属于"炮弹坑"式的道路，他每天要等到午夜才能找到旅店，三天中一顿正餐也没吃过，有时在路边商贩那里买一袋花生就算是充饥了。

2016 年年初，潘基强又被调入了华为加蓬办事处，这里的工作环境同样恶劣。在一个周六的早晨，华为加蓬办事处接到了前往内陆站点进行技术维护的任务，潘基强与其他华为员工一同前往。在出发前的准备过程中，潘基强特意查了地图，认为三百多千米的路程很快就能到达，然而实际却走了 9 小时，特别是行程的后半段，车辆在山间的碎石土路上艰难蠕行，再加上头天半夜下了暴雨，路程就更加艰难。眼看着各种货车、皮卡深陷泥潭、动弹不得，潘基强一行人直到当天晚上十一点才到达旅馆。

● 持续自我批判

持续自我批判是任何优秀组织都具备的特征之一。持续自我批判这一核心价值观也间接回答了华为如何做的问题，平衡了目前利益与未来利益，体现了华为超强的危机意识。无数案例证明，生于忧患而死于安乐，企业经营管理就是各领风骚三五年，企业只有长期保持危机意识，持续批评与自我批评，敢于消灭劣势，留下文明，才有可能做到持续生存活下去。

民主生活会是华为自创立伊始就在坚持的一种自我批判方式，该制度目前主要是在中高层管理者中实行，每隔三个月或半年，无论任何中高层管理者，包括任正非在内都必须参加民主生活会。在会上，所有的干部都必须对自己过去一段时间的管理得失进行阐述，并且要将相应的改进方法当着全体中高层管理者的面讲述出来，并由专人进行记录。等到下一次民主生活会时，再由这些中高层管理者对着上一次的表态，对自己的执行情况进行新一轮的反思。

华为将民主生活会这种方法引入企业经营中，事实证明这种方法极为有效，不仅让公司直接掌握了相关干部的思想状态，而且还能让相关干部在自我监督和他人监督的过程中更好地成长。

2017年4月18日，华为召开"战略预备队座谈会"，任正非向与会人员提出了新的警示：华为会不会是下一个美联航。该谈话的背景来源于4月10日发生在美联航的恶劣事件。

面对在场的华为干部，任正非先给与会人员泼了一盆冷水："不要以为华为现在正身披五彩光环。事实上，我们已处在风口浪尖，未来将向何处去，没人知道。"紧接着，任正非再一次表达了其对公司企业文化传承性的忧虑："因为美联航不是把客户放在核心位置，而是将员工放在了核心位置，才形成了他们对客户如此恶劣的工作作风。那么，华为有没有可能变成下一个美联航？"

最终，任正非和华为的高管在会议上再一次就华为的企业文化向在场的与会人员做出了强调："我们认为公司最珍贵的财富是客户，企业必须尊重客户。公司以客户为中心的文化，要持之以恒地坚守，越是在富有的时候越不能忘记初心。"

美联航暴力逐客与华为内部座谈会，这两者看似毫无联系，但任正非却实实在在地将两者联系了起来，并将美联航当作了反省自己企业文化落实情况的"照妖镜"。这不仅体现了华为人对于企业文化自身的重视，更表现了华为人对于企业文化能否得到贯彻的忧患意识。的确，对于那些有远大志向的企业来说，企业文化在被创造出来之后并不应该被束之高阁，而应像华为一样，将之应用到公司的管理实际中，并时刻反射自省。

在华为企业文化所阐述的这四点中，除了第四点"持续自我批判"仅针对华为的高层及各级管理者外，其余企业文化的聚焦事件对象均面向华为全体人员。这说明华为的企业文化绝对不是只能束缚基层员工的枷锁，而是带动所有华为人成长的精神动力。

正如现代管理学之父彼得·德鲁克所说：一家企业只能在企业家的思维空间之内成长，一家企业的成长经营被其经营者所能达到的思维空间所限制。对于企业来说，无论是战略层面的产业布局，还是战术层面的运营规则，都不可能脱离相关企业家的思维。而思想是一切结果的根源，企业文化便是企业的思想总汇。

2.3　华为的文化实践形式

经过长达 30 年的持续探索，华为终于形成了与自身的发展需要最为契合的企业文化。然而，面对复杂多变的市场环境和各具特点的员工队伍，华为要想真正切实将文化转变为行动，还必须通过一些科学、有效的形式才能实现。在企业文化的实践层面，华为的当家人——任正非功不可没，出身贫困、长于行伍的他似乎对执行具有一贯的偏执。正是在任正非的亲自带领下，华为各级干部带头努力践行与宣传华为文化。纵观这些年华为在企业文化宣传和实践中主要有以下五个方面。

2.3.1　干部以身作则传承文化价值观

实践证明一个公司的负责人是企业文化建设最大的贡献者，同时也是最大的挑战者。华为也不例外，任正非创立华为 30 年也是他以身作则的 30 年；是他努力践行以客户为中心、以奋斗者为本、长期坚持艰苦奋斗、持续自我批判的 30 年。2016 年，72 岁的任正非先生在虹桥机场等出租车只是 30 年以来的一个以身作则的普通案例而已。

同时，华为的各级管理干部依然需要努力践行企业的核心价值观。在华为干部的使命和责任中，第一条就是公司文化价值观的传承。华为坚持认为思想权和文化权是各级管理干部的最大权利，这些无不体现华为对各级干部在文化价值观的要求与重视。

2.3.2　构建顶层机制、制度和流程

文化价值观是企业统一思想的利器，也是企业激励员工的重要手段。思想文化更是一种精神追求和信念。精神如何转化为物质，物质如何促进精神，

二者如何实现良性互动是对企业家智慧的考验。建立与精神层面相匹配的顶层管理机制与管理制度才可以确保文化价值观能够落地实施。华为坚持以客户为中心，以奋斗者为本，长期坚持艰苦奋斗，持续自我批判，在顶层管理机制和管理制度层面做了合理的安排与设计。华为通过近20年同西方顶级管理咨询公司的合作，逐步建立起与企业文化相一致的管理机制、制度与流程。例如，建立以客户为中心的端到端的业务流程体系；建立以奋斗者为本的干部管理机制，坚持以奋斗者为本的选拔、晋升、淘汰体系，干部的三优先选拔等都体现出奋斗者的文化特色；引导各级干部和普通员工开展艰苦奋斗；通过坚持以客户需求为中心，持续不断推进企业管理变革，打造为客户提供高质量、高效率和低成本的优质交付平台，这些都体现了华为持续自我批判的企业文化。

2.3.3　举行仪式与范式

仪式与范式是企业文化的重要表达形式，企业的创始人及各级管理干部、员工都需要通过某种仪式与范式来表达自己的精神诉求。从华为近30年的发展历程来看，华为从创业初期的"口号满天飞"到《华为基本法》，再到近年提出的核心价值观来看，仪式与范式是用来传播其核心价值观的重要方式。华为在企业文化建设过程中，通过正式或非正式的场合采用特定的仪式和范式来宣导华为的核心价值观。

2000年华为在深圳某五星级酒店举行"欢送英雄儿女去海外征战"的仪式，任正非做了"雄起起、气昂昂，跨过太平洋"的主题演讲。而今已经离开华为多年或退休的员工都记忆犹新，当时完全被任正非的演讲感动，并发自内心地认同和支持公司的全球化战略。从此开启了华为全球化的序幕，如图2-6所示。

无独有偶，弹指一挥间，16年后的2016年，华为为鼓励2000名研发人员去海外举行了隆重的欢送仪式。任正非发表了"春江水暖鸭先知，不破楼兰誓不还"的主题演讲，众多员工感动得热泪盈眶。

综上所述，不管是华为每年举行年度自律宣誓，还是大家熟知的欢送宴。这些仪式与范式反映的不仅仅是一场欢送晚宴，更是华为通过这样的仪式与范式来统一思想，从深层次的实践形式表达和传递华为的价值观。

图 2-6　2000 年华为公司欢送英雄儿女去海外征战的仪式

2.3.4　搭建传播平台，立体沟通

企业文化作为经营管理企业统一思想的重要武器和精神产品，在传播的过程中，如果没有具体的载体作为固定的传播平台，那就很容易流于可有可无的形式，企业文化的宣传需要搭建一个良好的平台和有效的形式，立体式地沟通自己的核心价值观，确保全体人员在公司的文化之中如沐春风。从多年的实践来看，华为主要通过以下几个平台来传播自己的核心价值观。

1.纸质平台：《管理优化》报和《华为人》报

和许多机关及企事业单位在组织内部发行一些内部交流刊物一样，华为也在公司内部定期发布一些报刊，其目的在于有效传播企业的文化，并在公司内部营造出了解企业文化、关注企业文化、践行企业文化的氛围。

其中，最著名的当为《华为人》报（如图 2-7 所示）和《管理优化》报。《华为人》报是一份面向所有华为员工的报刊，上面既有从华为各条战线上传来的

图 2-7 《华为人》报

各类消息，也有华为管理者对于企业经营方面的探讨，甚至还有世界各地华为员工的所见所闻。《管理优化》报主要集中在管理改善方面的探讨，以暴露问题和讨论问题为主，侧重于对"以客户为中心、以奋斗者为本、持续自我批判"文化价值观的讨论与实践。从总体上来讲，《华为人》报的服务特性要更鲜明一些，《管理优化》报更多集中在管理纬度研讨与传播。

2. 网络平台：心声社区

为了能让更多的华为员工毫无顾虑、毫无保留地向公司提出自己的想法和建议，华为于2008年6月创立了旨在为华为员工提供发声和沟通服务的在线专门性社区——心声社区，如图2-8所示。该社区上线后，迅速获得了华为员工的广泛关注，很多员工通过实名或匿名的方式在心声社区发布文章，其中不乏一些言辞较为激烈、观点较为犀利的批判性文章。对于这些"炮轰"自己的文章，华为的高层一方面认真研读并根据其中的某些真知灼见做出改革，另一方面还和相关员工进行交流，支持并鼓励他们畅所欲言。这正体现了华为坚持批判与自我批判的文化特点。

图2-8 华为"心声社区"首页

2.3.5　华为的跨文化管理

华为从 1997 年开始拓展全球市场，截至 2016 年华为已经在全球 170 多个国家和地区开展自己的业务，员工涉及 160 多个国籍。华为面临不同地区、不同国家、不同年龄、不同肤色员工的管理。如何让这些员工能够融入华为的大家庭，认同客户为中心、以奋斗者为本、长期坚持艰苦奋斗、持续自我批判这些核心价值观，华为经过实践总结出了自己的经验，即认知、尊重和协调三部曲，如图 2-9 所示。

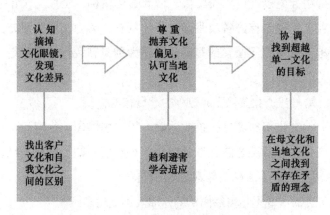

图 2-9　企业文化适应市场环境的三个过程

1. 认知：摘掉文化眼镜，发现文化差异

世界上所有的矛盾都来自认知的差异，文化的矛盾依然如此。面对与自身文化背景迥异的员工或客户，首先要正视差异的存在，耐心细致地找出员工或客户文化和母文化之间的区别。了解文化差异是跨文化管理的第一要务。

2. 尊重：抛弃文化偏见，认可当地文化

求同存异是解决差异的有效方法。在认知文化差异之后，相互尊重就显得更为重要。应当对这种差别进行分析，一方面要考虑该差别对于自身经营的影响，另一方面要考虑能否在经营过程中积极利用这种文化差异。对于对企业发展有利的文化基因，应当摒弃固有的认识和成见，认可并积极践行当地的文化。

3. 协调：找到超越单一文化的目标

世界上的文化本无对错，只是时空和立场不同而已。在完成认知和尊重两个步骤之后，接下来就要进行文化协调工作，关注目标一致，进行协调趋同，在母文化和当地社会文化之间找到共存的理念。

2.4　经验总结

1.企业文化是华为成功的核心基因，也是华为的思想统一平台，更是华为经营管理中的最高指导思想，即"道"

华为坚持精神力量促进物质转换，物质强化精神，企业文化正是精神力量的体现。企业文化也是推进各项管理变革的基石，华为文化为西方先进管理工具方法的落地实施奠定了坚实的基础，是华为独具特色的"道"与"术"结合管理模式的重要方面。

2.企业创始人在企业文化形成过程中起着核心作用

一个企业的文化将深深打上企业创始人的思想烙印，没有任正非就没有华为，华为的文化就是任正非的管理哲学与核心价值观的提炼和总结，也是任正非 30 年以来对人性的不断探索与实践的总结。

3.企业文化的形成不是自然而然的，需要不断地塑造和培育

从 1987 年创业时期的口号满天飞，到《华为基本法》的正式颁布，再到 2011 年系统总结出华为的核心价值观。从发展历程来看，文化的形成不是一朝一夕的，而是在持续竞争的商业环境中逐步形成的。同时，文化的培育需要科学的方法，包括领导以身作则、顶层机制流程支撑、典型人物故事、仪式范式和传播平台等。

第 3 章

> 目标统一平台：
力出一孔

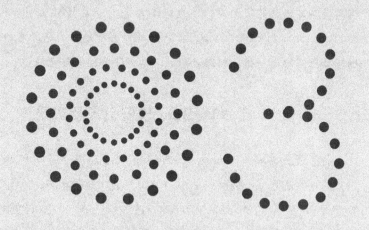

战略目标管理平台是华为的三大管理平台之一, 是解决华为"力出一孔"的核心工具和方法。华为从五年 SP 到年度 BP, 年度 BP 到组织 KPI, 从组织 KPI 到个人 PBC 的逐层目标分解帮助公司实现上下同欲。有战略但无法落地执行, 也会将企业经营管理导入另外一个怪圈。对于华为这样的世界级企业来说, 战略与执行同等重要, 如何在确保方向正确的基础上有效执行, 采用科学的管理工具和方法将非常关键。华为从 2006 年开始与 IBM 公司合作引入业务领先模型(Business Leadership Model, BLM), 逐步搭建起华为从战略到执行的管理体系, 确保公司"力出一孔, 利出一孔", 保持行业的领先优势。

3.1　BLM 模型引入及实践

　　业务领先模型(Business Leadership Model, BLM)。BLM 模型是基于差距为战略制定的起点。战略层面由市场洞察力、战略意图、创新焦点、业务设计 4 个方面构成, 通过战略解码形成执行的关键任务、氛围与文化、正式组织、人才保障 4 个方面; 同时强调价值观是基础, 领导力是根本, 如图 3-1 所示。

3.1.1　BLM 模型介绍

　　近年华为在 IBM 公司的指导下, 基于 BLM 模型建立起了一套科学的战略目标统一平台。基于实践总结 BLM 模型应用坚持如下几大原则。

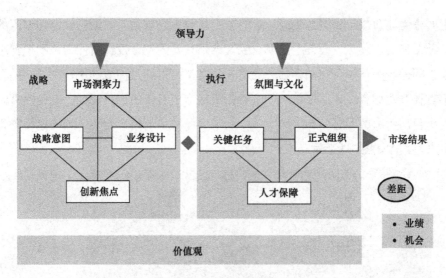

图 3-1 BLM 模型框架

- 战略是不能被授权的——领导力贯彻战略制定与执行的全过程。
- 差距为导向——集中力量解决关键业务问题。
- 战略与执行紧密整合——重在结果。
- 终年持续不断——组织学习是持续不断的过程。

BLM 对企业的战略制定与执行有不可估量的业务价值，具体如图 3-2 所示。

图 3-2 BLM 模型的重要作用

1. 差距分析

战略是由不满意、不满足激发的，而不满意是对现状和期望业绩之间差距的一种感知。战略制定的起点就是因为实际市场结果与预期目标的差距。差距主要分为业绩差距和机会差距。业绩差距是现有经营结果和期望值之间差距的一种量化的陈述。机会差距是现有经营结果和新的业务设计所能带来的经营结果之间差距的一种量化的评估。业绩差距常常可以通过高效的执行填补，并且不需要改变业务设计。填补一个机会差距却需要有新的业务设计。差距分析时列出目前所有的问题，选出对成本、战略层面影响的最大差距，并决定相关负责人，具体如图 3-3 所示。

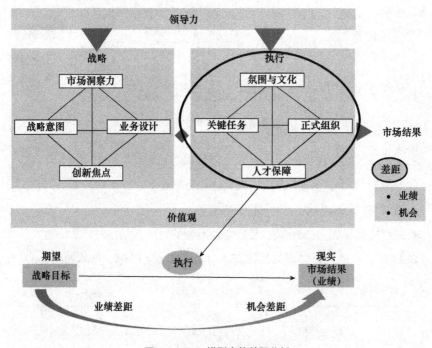

图 3-3　BLM 模型中的差距分析

- 业绩差距："我们在 2016 年前半年减少 40% 客户投诉的目标没有达到。"
- 机会差距："我们正在失去每年以 30% 速度增长的与行业相关的业务流程外包领域与客户合作的机会。"

2.战略部分

任正非提过，华为的战略就是活下去。彼得·德鲁克说过，重要的是做正确的事，而不仅仅是正确地做事。郭士纳讲过，忽略战略，仅仅关注战术和执行，就会给企业带来灾难。BLM 的战略部门包括市场洞察力、战略意图、创新焦点和业务设计，如图 3-4 所示。

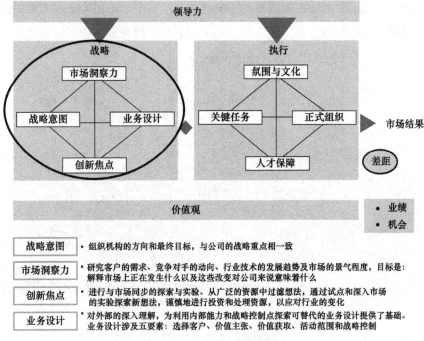

图3-4　BLM 模型中的战略设计

（1）市场洞察力

制定战略的第一步是考验一家公司的市场洞察力。基于未来战略的差距，需要研究客户的需求、竞争对手的动向、行业技术的发展趋势及市场的景气程度等，从而发掘出企业在未来可能会遇到的机会和风险。华为浓缩为"五看"：一看行业趋势，二看客户需求变化，三看竞争对手，四看自己，五看时机，如图3-5所示。

① 宏观分析

企业应当对自身所处的行业乃至整个国家的经济运行状况进行整体性的评价，因为企业的发展与整个经济环境息息相关，行业的整体发展情况则会直接影响到企业的基本发展策略。对规模较大的企业在政治、经济、技术及社会消费习惯方面的分析显得更加重要。

② 竞争分析

除了对行业演变及价值链变迁进行分析之外，企业还需要对竞争对手进行分析和把握。一方面企业要研究行业内部竞争对手的最新动向及竞争策略，搞清楚其在未来特定的时间段中会推出的产品与服务，可能采用的竞争策略。另一方面，企业还应根据主要竞争对手的动向，进一步预测出未来一段时间内行业内部的竞争格局和竞争方式，并以此来决定是在战略部署中执行稳扎稳打的"跟进策略"还是特立独行的"创新策略"。

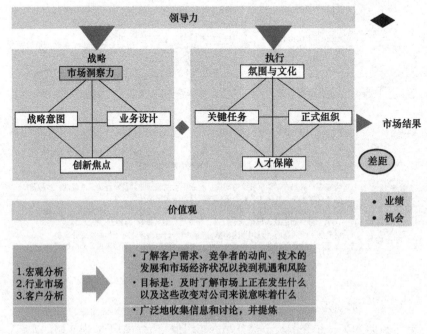

图 3-5　BLM 模型中的市场洞察力部分

③客户分析

客户既是为企业创造盈利的直接对象，同时也是企业把握战略主动权、巩固并扩大市场份额的关键因素。所以，企业必须在涉及自身发展大计的战略制定过程中对客户群体予以专门的调查研究。一般来说，企业基于战略制定目的而进行客户分析至少要包括客户需求的现状和未来的发展趋势、客户消费习惯的变化、客户内部的结构性分化以及数量的相对变化等三个方面。

2016 年 2 月 25 日，华为全球无线网络市场与解决方案总裁安剑在当年的世界移动通信大会上进行了以"高效投入，优化网络体验"为主题的演讲，并代表华为正式提出了以用户体验为核心的建网思路。

安剑在演讲中表示，现有以互联网 KPI 为主导的传统网络建设思维早已不能满足数字化时代的业务需要，而互联网向以客户体验为核心的新方向转型已是大势所趋。随着客户对网络体验需求的升级和变化，以体验为中心的新型网络将重定义网络乃至整个信息产业的面貌。

紧接着，安剑又提出了华为对于未来网络的构想——"三极网络"，即IT技术企业通过和网络运营商的合作，通过高效的投入，重新构建一个极速、极简而又极智的互联网，继而完成端到端直接、真实的网络体验，帮助相关运营商实现商业层面的成功，并满足终端客户对体验的高层次追求。

客户对于产品和服务的要求永远不会停留在某一条固定的水平线上，而是会不断地升级。相关企业要想维持客户的满意度，必须根据客户的需求变化对自己的业务做出相应的调整。华为在2016年就针对客户需求的变化，对整个互联网的建网思路提出了新的构想，华为凭借着对客户需求的先知先觉，再一次开发出成就客户商业成功的产品，让客户满意。

在市场洞察中，可以采用市场定位框架模型进行分析取舍，如图3-6所示。

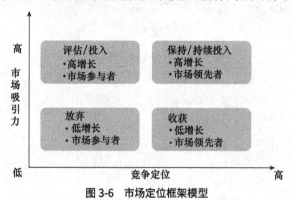

图3-6 市场定位框架模型

（2）战略意图

顾名思义，战略意图就是企业日常运营的总方向和最终目标，与公司的战略重点在内容方面基本上是相一致的。战略意图要回答的内容主要包括愿景、战略目标和业务目标等，如图3-7所示。

（3）创新焦点

创新焦点主要以未来增长为目标，聚焦在公司未来业务组合、创新模式及资源的有效利用等方面。在设计战略的过程中，企业应当根据市场的变化同步进行一定的探索与实验。从最丰富、最多样的资源中过滤出最有效、最可能成功的想法，通过试点工作与贴近市场的实验不断创造出新的想法，审慎地进行投资和处理资源，确保企业的战略能够及时跟上行业的变化，如图 3-8 所示。

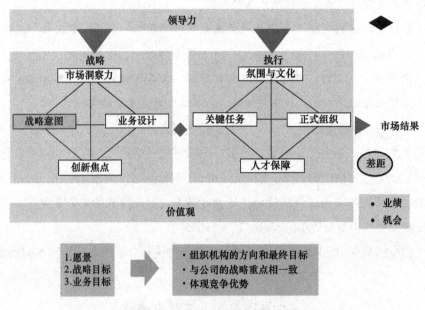

图 3-7　BLM 模型的战略意图部分

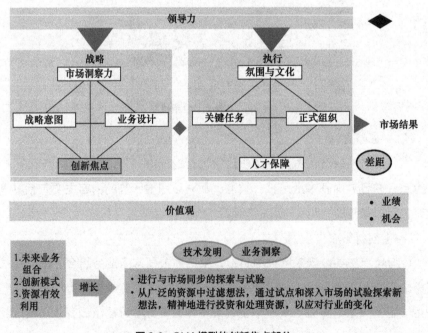

图 3-8　BLM 模型的创新焦点部分

未来业务组合如图3-9所示。

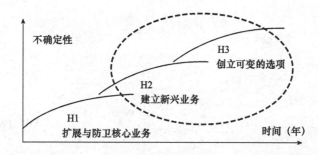

名称	H1核心业务	H2成长业务	H3新兴机会
定义与特征	公司的成熟业务，是企业收入和利润的主要来源	增长业务，市场扩张和机会的来源	产品或业务创新的组合，未来长期增长的机会点
管理重点与指标	近期的利润表现与现金流 -利润（收入/支出） -ROIC -生产效率	收入的增长与投资回报 -收入增长 -新客户/关键客户获取 -市场份额增长 -预期收益、净现值	回报的多少和成功的可能性 -项目进展关键里程碑 -机会点的数量和回报评估 -从创意到商用的成功概率
不确定性	低	中	高

图 3-9　创新焦点中的业务组合

（4）业务设计

业务设计以市场洞察为基础，从客户选择、价值主张、价值获取、活动范围、战略控制与风险管理6个方面进行明确。业务设计在本质上就是一套结构化的商业选择，也可以理解为"创新商业模式"，如图3-10所示。

① 选择客户。客户选择这方面的内容主要包括3点内容：第一，选择客户的标准——价值驱动、竞争驱动兼顾时效性；第二，识别价值客户、潜在客户，了解谁是你的客户，谁不是；第三，快速增长市场。

② 价值主张。企业应当对自身的产品或服务做出如下3方面的价值主张。客户需求：客户的需求是什么？企业提供的产品和服务是否以客户的最终需求为导向。独特性：我们区别于竞争对手的地方？客户是否真正认可我们的产品和服务。有影响力：帮助客户赚钱，是否能帮助客户实现价值增值和收益。

③ 价值获取。价值获取即为企业将产品或服务的价值变现的机制。需要回答如下问题：如何赚钱？如何获取利润？有其他的盈利模式吗？依靠什么吸引

客户并获取利润？客户选择我们和不选择我们的原因是什么？

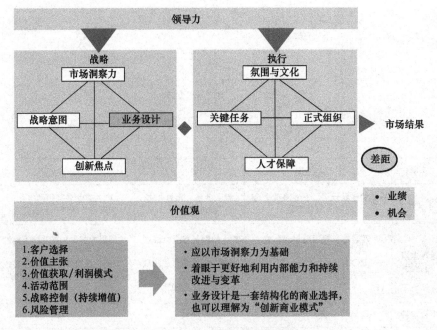

图 3-10　BLM 模型中的业务设计

④ 活动范围。活动范围主要界定公司所涉及的经营边界。主要对如下问题进行思考与明确。经营活动中的角色和范围（时间和空间）哪些外包或外购？价值链的位置及合作伙伴的关系如何？合作伙伴为什么要和我们合作？

⑤ 战略控制。战略控制的目标就是确保公司持续为客户创造价值，实现持续增长。需要从以下几个方面进行明确。客户需求的转移趋势，价值链中的地位与战略控制点，如何保护利润——快速响应、有效控制成本、专利等。

⑥ 风险管理。风险管理主要指在战略制定过程中，如何识别和分享潜在的风险，包括如何降低未来战略实现的不确定性；潜在风险包括市场、对手及技术演进趋势；全局视角内部与外部，避免商业盲点与组织惰性影响潜在风险的管控。

综上分析，战略制定的落脚点是业务设计，相互关系图解如图 3-11 所示。

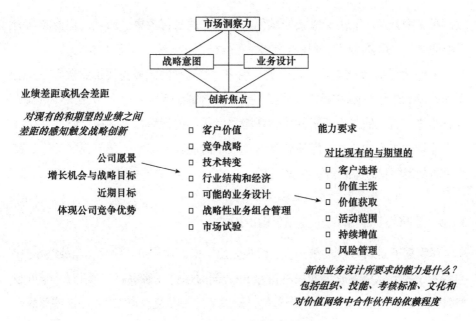

图 3-11 业务设计工作内部的相互关系

3.执行部分

实践证明，任何目标的成功实现都有赖于强有力的执行力和科学的执行手段，在战略绩效目标的管理体系方面，这样的"法则"依然适用。纵观华为BLM 模型中的执行部分，旗帜鲜明地表现出华为特有的道术合一、中西融合、以道驭术的理念。

（1）关键任务。在既有的、已经明确的战略目标之下，企业还需要将抽象的、概括性的战略目标细化为针对每一个部门、每一支团队的关键任务。在这里，需要相关企业特别注意的是，尽管对关键任务的制定越详细越好，但在制定的过程中，关键任务本身依然要符合最初的业务设计和企业的价值主张。

（2）正式组织。为确保实现战略目标的关键任务和相关流程能够稳定、高效地得到执行，企业需要组建相应的组织架构、管理与考核标准，这其中至少要包含执行单位的规模和分工、管理与考评标准、奖励与激励系统、关键员工职业规划、员工和活动的客观安排 5 个方面。在这 5 个方面建立专业化的组织，有助于公司干部指引、管控和激励个人以及集体去完成本部门或本团队的重要任务。

（3）人才。对战略目标的执行，归根结底还是要落实到具体的员工身上，故而员工的素质和能力会直接影响到企业战略的执行效果。所以，企业应当为重要的岗位、重要的职责安排具有出色工作能力和一流工作素质的人才。

（4）氛围与文化。除了在人员、组织这些有形的领域需要企业做好充分的安排外，还应当在企业内部积极地营造出无形却能打动人心的积极型工作氛围。唯有这样，员工的工作积极性才能在潜移默化中得到激励，并在良好的文化环境中保持住进取的心态，继而确保他们在平时能够持续地创造出色的业绩，在危机时刻也能及时做到自我调适。

3.1.2　战略目标的解码：SP-BP-KPI-PBC

华为基于 BLM 模型的第一步已经规划出未来 5 年的 SP 战略目标与战略举措，并将 5 年的目标分解成年度战略目标 BP，同时通过战略解码工具把 BP 年度战略目标与战略举措分解到每一个部门，形成部门 KPI 及重点工作，并最终形成个人的 PBC，将公司战略 SP 到年度 BP，到组织 KPI 及重点工作、个人 PBC 等工作业绩有效衔接起来，实现战略到执行的闭环，目标统一，力出一孔。具体解码思路如图 3-12 所示。

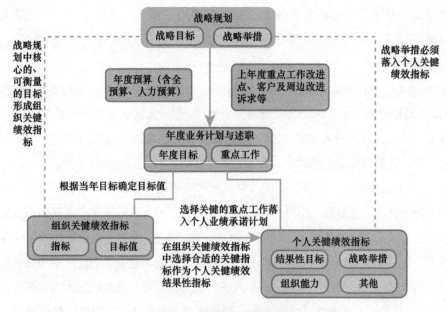

图 3-12　战略目标的解码思路

1. 中长期发展规划（SP）

企业中长期发展规划（Strategy Plan，SP）是基于市场洞察、战略意图、创新焦点和业务设计等战略设计活动的清晰总结，是给公司未来发展指明方向的战略性纲领性文件。其时间跨度为 5 年，即从现在到未来的 5 年为一个周期。具体来说，企业的中长期发展规划包括长远的战略目标和相应的资源分配计划。

中长期发展规划包含了企业对当前内外情况的认知，以及未来 5 年各部门的目标、财务预算、产品开发策略、区域营销策略、市场拓展策略、服务提升策略、品牌塑造策略、交付升级策略等内容，是企业时间跨度最长的经营方案。

企业中长期发展规划作为企业时间跨度最长的发展计划，是各部门开展重大决策和行动的重要依据，是制定年度业务计划（BP）等细分计划的基础，更是企业未来重点战略举措的关键指引。企业进行中长期发展规划所围绕的主题是中长期资源配置的方向和重点，如图 3-13 所示。

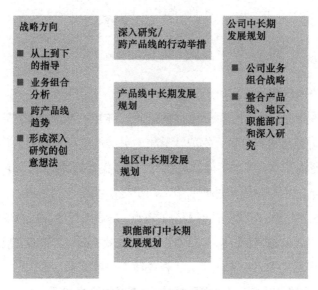

图 3-13 中长期发展规划

2. 年度业务计划（BP）

年度业务计划（Annual Business Plan，BP）是企业每年都要制定的对企业运营的规划方案，公司层级 BP 的目标及工作重点往往是根据公司 SP 分解而来的。

年度业务计划所围绕的主题是短期资源配置的方向和重点，其时间跨度一般为下一个财政年度。企业还会根据公司层级 BP 年度计划分解为各地区部、各产品线职能部门形成各部门、各产品线及各地区部的年度 BP。企业根据需要还可以继续往下分解。一般来讲，各部门级的 BP 年度计划所包含的内容都比较具体，如图 3-14 所示。

公司指标
人员总数计划和预算

部门年度业务计划和预算

■ **KPI详细的行动计划**

■ **销售预测**

■ **费用和资本支出预算**

■ **人员总数规划**

■ **部门的指标**

图 3-14　年度业务计划

3. 组织关键绩效指标 (KPI)

关键绩效指标（Key Performance Indicator，KPI）是企业在经营管理过程中对核心关键价值链进行分析、提取及量化的关键性指标，是将公司的战略目标细化为可执行的工作目标的手段，是公司开展绩效管理的基础。KPI 能够让部门主管清楚自己的主要责任，进而明确部门员工的业绩考核标准。构建清晰的、符合实际的 KPI 体系，是优化绩效管理的重点，是绩效管理规划的核心内容之一。一个部门的绩效改进目标一般包括可以量化的 KPI 指标、重点工作，也可包括团队合作内容及关键事项考核（又称否决项），各体系、各部门可以根据实际工作需要进行调整和优化。KPI 绩效目标承诺书的格式如图 3-15 所示。

4. 个人业绩承诺计划（PBC）

个人业绩承诺计划（Personal Business Commitment，PBC）是根据部门 KPI 分解而来的。从内容来看，个人业绩承诺计划承诺书涵盖了三大部分，如图 3-16 所示。

部门/管理者绩效承诺书

部门名称：　　　　　　　　　　　　　　　　　　　　　　　　职位名称：

任职者姓名：　　　　　　　　　直接上级：　　　　　　　　　绩效考评周期：

目标类型	考核指标(KPI)/量化标准	具体工作要求/目标描述	完成时间	权重	基础值	目标值	挑战值	评分标准	完成情况自评（工作完成的数量、质量、效果等）	直接上级评价	直接上级评分
KPI指标											

目标类型	重点工作名称	具体工作要求/标准/目标描述	完成时间	权重	评分标准	完成情况自评（工作完成的数量、质量、效果等）	直接上级评价	直接上级评分
重点工作								
团队合作								
否决项								
汇总								

图 3-15　部门的年度工作计划 KPI 承诺书

1.KPI						
维度	指标名称	权重	目标值			得分
			持平	达标	挑战	
合计		100%				
2.关键执行措施						
支撑指标	序号	工作事项	交付件	责任人	完成情况	评分
	1					
	1.1					
	1.2					
	2					
	2.1					
	2.2					
小计						
合计得分：KPI得分×70%+EXECUTE得分×30%						

图 3-16　个人业绩承诺计划（PBC）示意

（1）业务目标，包括关键绩效指标和关键任务指标。

（2）管理目标，假如签订个人业务承诺计划的主体是一支团队，那么团队的领导人就必须设定团队的管理目标。

（3）个人发展目标，员工的个人发展目标应在上级主管的帮助下设置，个人发展目标仅作为参考，但所有的员工都必须进行设置。

当然，不同的管理层级、不同的员工类型在这三大部分的比例会有较大差别。

3.2　目标分解——战略解码

企业如何找到实现战略目标的有效路径，并在实现战略目标的路径中进一步找到关键的成功因素和任务，继而将这些至关重要的关键因素和任务落实到相关的组织（部门或岗位）和个人身上，最终确保战略目标的实现，这便是"战略解码"。在战略目标的解码过程中，企业高管、核心管理人员及核心业务骨干相互联动、相互沟通与达成共识，能够最大限度地确保上下级主管之间的上下同欲、力出一孔。

3.2.1　战略解码的横向思路

平衡计分卡（Balance Score Card，BSC）是世界500强公司在战略解码过程中运用的主流方法。平衡计分卡也是华为采用的战略目标解码的主流方法之一，如图3-17所示。

1. 平衡计分卡

平衡计分卡源自哈佛大学教授罗伯特·卡普兰与诺兰诺顿研究所的执行长大卫·诺顿于1990年建立的组织绩效衡量方法，当时该计划的目的是找出超越传统的以财务量度为主的绩效评价模式，使组织的策略能够转变为行动。经过将近20年的发展，平衡计分卡已经发展为企业战略管理的工具，在战略规划与执行管理方面发挥着非常重要的作用。

（1）财务。企业的股东如何看待我们，即企业应当通过哪些具有战略意义的举措，保证企业长期稳定、健康发展，给予股东同样稳定的回报。

（2）客户。企业的客户如何看待我们，即企业应当采用哪些宣传或体验活动，在客户心中树立一个负责任、积极进取的形象。

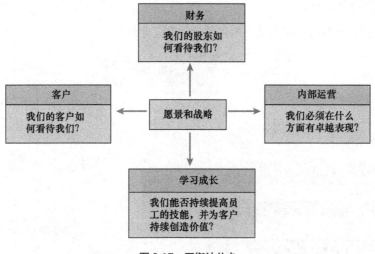

图 3-17　平衡计分卡

（3）内部运营。企业必须在什么方面有卓越表现，即企业在关系到自身跨越式发展或取得决定性竞争优势的过程中，应当在营销、研发和人事等内部运营环节做出哪些高明的举措。

（4）学习成长。企业能否持续提高员工的技能，并为客户持续创造价值，即企业在内部培训方面应当采取哪些方法。首先要确保员工队伍整体素质的提升，继而在企业为客户提供更加优质的产品或服务的过程中为客户创造出更高的价值。

2. "五步走"策略

基于平衡计分卡制定的"五步走"战略解码策略，实际上就是将既定战略目标分解为一个个具体的指标和重点，再将这些具体的指标和重点与部门或个人一一匹配的过程。其最直接的战略成果就是：满意的股东、愉快的客户、高效的流程以及士气高昂且训练有素的员工，如图 3-18 所示。

（1）第一步：财务层面

企业应当在财务层面通过一系列的财务术语描述战略的有形成果，其解码的内容主要体现在基本的财务关键成功因素与财务指标。

目的：提供组织成功的最终定义，表明战略实施和执行是否对盈余改进有所贡献。

确定的原则如下。

① 财务策略目标应体现公司和部门的责任定位。

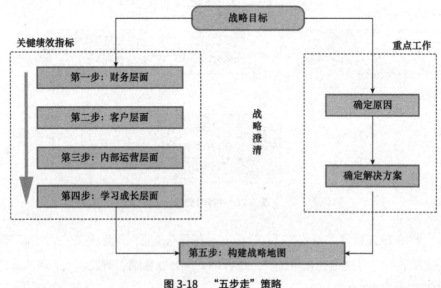

图 3-18 "五步走"策略

② 财务策略目标应支撑战略目标的达成。

③ 财务策略必须有利于组织长期、可持续发展。

确定的方法如下。

① 以部门责任为基准，确定可为公司做出财务方面的贡献（资产回报率、销售收入、成本）。

② 基于战略目标识别重点的财务策略。

（2）第二步：客户层面

客户层面主要是指企业应当对公司的目标客户和自身的价值主张做出明确的界定和描述。例如：丰富的功能；用户体验好，使用方便，良好的服务；具有吸引力的价格等。

目的：界定公司的目标客户，识别目标客户的价值主张 / 诉求，为下一步确定实现价值主张的核心流程提供目标。

确定的原则如下。

① 必须明确细分目标客户并识别其价值主张，而非满足所有客户的偏好（分类）。

② 对不同类型的目标客户应分别识别不同的价值主张。

③ 客户价值主张的实现应对财务层面有支撑作用（市场份额、品牌价值、客户满意度、客户流失率及客户平均利润水平等）。

④ 客户价值主张的实现应能够对目标客户创造差异化、可持续的价值。

确定的方法如下。

① 对客户进行细分，确定目标客户。

② 分析目标客户的价值主张。

③ 确定客户层面的目标（针对目标客户的策略目标，形成差异化的价值主张）。

（3）第三步：内部运营层面

内部运营层面主要是指描述组织对战略产生最重要影响的运作方式和关键流程。例如，市场行销管理（品牌、渠道以及产品销售），运营管理（持续向客户提供服务），客户管理（建立并利用客户关系），创新管理（开发新产品、服务、流程和关系），研发管理（持续研发项目管理、工程管理及支持管理等）。

目的：实现两个关键企业战略要素，即为客户创造并传递价值主张，为财务层面的生产率要素改善流程并降低成本，是下一步识别战略人力资源、信息和组织资本（参考）的前提。

确定的原则如下。

① 应支撑财务层面和客户层面目标的实现。

② 应为传递差异化价值主张和提高生产率的最重要的少数核心管理，而非简单的操作方式或流程汇总（新产品开发、市场调研、销售预测、故障处理周期、一次合格率、设备完好率、原材料消耗及各项职能部门活动）。

确定的方法如下。

① 确定能对客户层面的目标实现起决定性作用的要素。

② 确定能对财务层面的目标实现起决定性作用的要素。

③对筛选出的关键要素进行归类。

（4）第四步：学习成长层面

学习成长层面主要是指描述如何将人力、技术、组织氛围结合起来支持战略。主要包括人力资本、信息资本和组织资本。具体描述如下。

①人力资本（战略能力）：执行战略活动所要求的技能、才干、技术诀窍等能力。

②信息资本（战略信息）：支持战略所要求的信息系统、知识运用和基础设施能力。

③组织资本（战略环境）：执行战略所要求的动员和维持变革流程的组织能力。

目的：通过无形资产驱动内部运营业务流程绩效的提高，在向客户、股东和社区传递价值时发挥最大的杠杆作用。

确定的原则如下。

无形资产应关注支撑内部运营层面确定的关键流程运作所需的特殊能力和特征（人力资本、组织资本和信息资本）。

确定的方法如下。

①确定为有效支撑核心运营流程运作，在团队、员工能力提升方面的关键策略。

②确定为有效支撑核心运营流程运作，在信息基础设施及信息系统建设方面的关键策略。

③确定为保证战略有效实施，在文化、领导力、协调一致和团队工作等方面的关键策略。

（5）第五步：构建战略地图

目的：审视财务、客户、内部、学习成长层面的内部一致性，以及与战略目标、业务规划及短木板建设、公司流程要求的一致性。

确定的原则如下。

①战略地图四个维度应层层支撑，并支撑战略目标的实现。

②战略地图各项要素应包含业务规划最核心的内容。

③战略地图各项要素应体现对公司和流程目标的支撑。

3.2.2 战略解码的纵向思路：构建从 SP 到 PBC 的闭环

除了通过横向"五步法"对公司的战略目标进行系统分解，形成战略地图外，公司战略解码还需要从纵向进行战略解码，形成公司战略目标分解的一致性，即从 SP 五年战略目标分解成 BP 年度计划，年度计划分解到各级部门组织KPI，各级组织再把部门目标分解到个人业绩承诺 PBC，从而实现公司战略目标的一致性，确保力出一孔，如图 3-19 所示。

图 3-19　绩效目标解码过程

3.3　战略执行与实施

"运筹帷幄之中，决胜千里之外"。战略的执行是战略目标实现的关键环节。华为基于 BLM 模型的基本因素形成了自己独特的战略执行思路与路径，主要包括关键任务、人才保障、正式组织和氛围与文化 4 个方面，如图 3-20 所示。

3.3.1 执行——关键任务及依赖关系

关键任务既是连接战略和执行的轴心点，也是执行其他部分的基础。从实际操作的角度来看，企业执行关键任务要将重要运营流程的设计和落实包含到工作的始终，并按照年度或季度对执行的实际效果进行跟踪考量。具体来说，企业对关键任务的执行应从以下 7 个方面进行思考：客户管理、产品营销、产品开发、交付平台、服务、风险管控和能力建设，如图 3-21 所示。

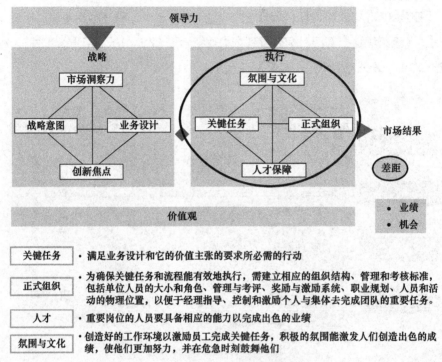

关键任务	• 满足业务设计和它的价值主张的要求所必需的行动
正式组织	• 为确保关键任务和流程能有效地执行，需建立相应的组织结构、管理和考核标准，包括单位人员的大小和角色、管理与考评、奖励与激励系统、职业规划、人员和活动的物理位置，以便于经理指导、控制和激励个人与集体去完成团队的重要任务。
人才	• 重要岗位的人员要具备相应的能力以完成出色的业绩
氛围与文化	• 创造好的工作环境以激励员工完成关键任务，积极的氛围能激发人们创造出色的成绩，使他们更加努力，并在危急时刻鼓舞他们

图 3-20　战略执行与实施

在执行关键任务时，企业要特别注意对完成关键任务所需要的相互依赖关系的把握。一方面，企业要理清企业内部各部门、各团队之间的依赖关系，厘清企业和交易相关的同盟者的关系以及企业与外包合作伙伴、企业与客户、企业与行业社群、企业与媒体、企业与政府等行业第三方影响者之间的关系，思考对方和自己建立互动关系的动机以及互相协同的现状，最终确保在不损害客户利益的情况下，保持与各方的双赢。

另一方面，企业还需要对与各方的关系进行重新审视。首先是信任问题，即企业要重新评估自身和各方之间的承诺是否能够真正兑现。其次是同盟，即企业要考量自己与对方是否还存在着共同的目标。接下来是灵活性，即企业自身和对方能否在需求出现变化的情况下，及时做出相应的调整。再者是权责，即企业和对方之间的权责分配是否明晰。最后需要澄清的是企业和对方是否就一些关键问题或存在分歧的问题达成了一致。

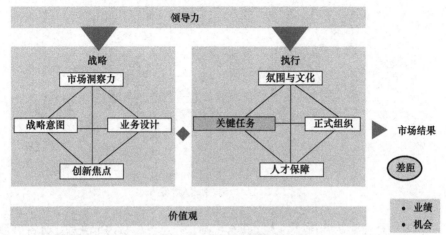

1.支持业务设计，尤其是价值主张的实现，是达成战略意图的关键
2.主要是指持续性的战略举措，包括业务增长举措和能力建设举措。可以从客户管理、产品营销、产品开发、交付平台、服务、风险管理和能力建设等方面思考，并将重要运营流程的设计与落实包括在内
3.年度性的，可按季度跟踪衡量，并识别出这些关键任务之间的相互依赖关系，如资源、设施等

图 3-21　BLM 模型中的关键任务及依赖关系

3.3.2　执行——人才保障

人才是企业执行的重要基石，优秀的人才队伍可以确保战略落地实施。人才的管理不仅关系到企业战略的实施进度，更会直接决定企业战略目标的实施效果。因此，企业只有对自己的人才做出全面、科学的管理，才能确保公司战略落地实施，如图 3-22 所示。

首先，企业要在既定战略的基础上进一步细化和明确对人才的定义，即员工究竟需要什么能力和素质才会被公司定义为"人才"，企业对于关键岗位以及人才布局有什么要求。

其次，企业要对公司员工的能力现状和自己对于人才的定义、需求做出对比，找出理想和现实之间的差距，即公司的员工在成为"人才"的道路上还需要在哪些方面做出努力。

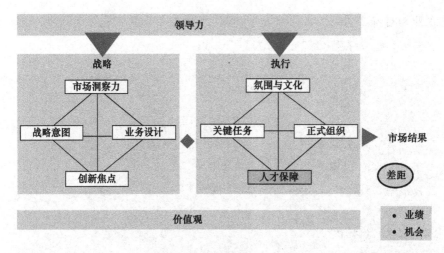

图 3-22　BLM 模型中的人才保障

再者，企业要明确自己的人才获得机制，即企业要从内部获取、外部获取以及及时培养这三种渠道中做出抉择。

最后，企业要针对自己对于人才的需求和现实的差距，制定出合乎实际的人才管理体系，这其中至少要包括人才的内外部获取、人才的培养、人才的激励与留存三个方面。近些年华为采用了多层次、多路径的人才管理体系，具体可以参见下面的案例。

2017 年 5 月 21 日，华为在其深圳总部举办了销售精英挑战赛。本届挑战赛与以往比赛不同的是新加入了海外赛区，最终这场比赛吸引了全球 8000 余名选手参加。经过近 80 天的激烈比拼，10 支王者战队从全世界近 8000 余名参赛选手中脱颖而出并晋级总决赛。最终"京津耶耶"团队获得了冠军奖杯，并收获了 10 万元的奖金。

这场比赛的内容主要是围绕着企业（2B）与消费者（2C）展开的，比赛的意图是考察选手们"以客户为中心"的意识，以及在实际工作中全面把握客户需求的能力。其中，2B 赛事——商务竞标谈判作为公司之间的交易行为，重点在于机构客户的获取和维护；而 2C 赛事——门店销售实战则为企业与个人客户之间的交易行为，重点在于刺激客户需求，支付环节是评价该项赛事结果的关键标准，2C 赛事的重点在于营销创意的设计与实施。

3.3.3 构建正式组织

正式组织解决人才工作目标的问题。正式组织就是企业为确保关键任务的执行而专门进行的组织建设，其中包括组织架构的建设，也包括相应的管理和考核标准的制定。企业构建正式组织的直接目的就是为管理层指导、控制和激励个人或集体完成团队的重要任务提供必要的帮助，如图 3-23 所示。

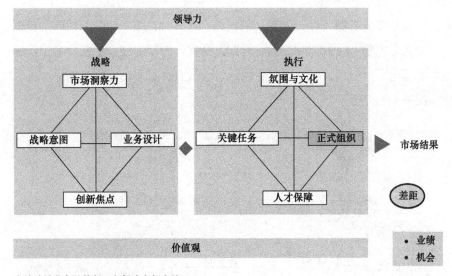

图 3-23 BLM 模型中的"构建正式组织"

首先，企业应当在公司内部开展贴近实际的组织架构工作，建立科学的管理体系和流程。

其次，在具体的实施过程中，企业应围绕着资源和权力在组织内部各成员之间的分配（即内部授权）。在授权权力的行使和问责、决策流程、协作机制、信息和知识管理 4 个方面对即将成型的正式组织进行打磨和协调。接下来，还应从管理的幅度和跨度、考评细则等方面出台相应的管理和考核标准，继而从制度上规范正式组织的日常运营。

3.3.4 营造氛围与文化

氛围与文化主要可以让员工在一个快乐愉悦的环境中工作。正如种子会在润物细无声的土壤中慢慢发芽一样，企业也需要文化和氛围这种无形的"养料"来促进战略实施这棵"参天大树"的成长。员工对工作环境的感知即是氛围，员工对企业内部各种管理制度的感受即是文化。为了促使员工在日常工作的过程中能够努力地付出，企业必须在内部营造出有利于实现战略目标的氛围和文化，如图 3-24 所示。

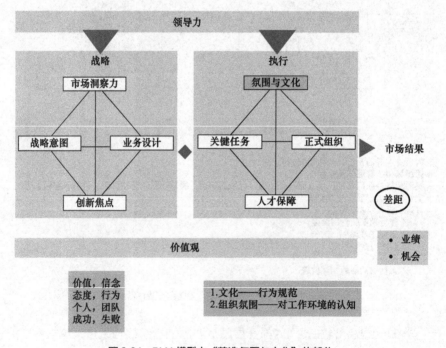

图 3-24　BLM 模型中"营造氛围与文化"的部分

对于企业而言，文化即是由本单位内部的价值观、共同信念、各种仪式、各类标志以及处事方式构成的文化现象。这种通过一系列行为构成的文化体系一旦确立，就会对企业的内部员工形成监督、规范效应。而一家企业的组织氛围可被视为该组织工作环境的属性，这种属性会被广大员工直接或间接地感受到。氛围作为一种时刻存在且不易被人察觉的意识，是影响员工行为的重要力量。

2016 年 10 月 28 日，华为举行了誓师大会，任正非不仅亲自参加了会议，还直接引用了"春江水暖鸭先知"和"不破楼兰誓不还"的诗句为 2000 名研发人员送行。在大会进行期间，任正非对当前行业的大势进行了认真的分析，并回顾了 2000 年以来华为员工出征海外的历程，最后他还不忘鼓励广大员工努力抢占信息时代的制高点。

谈及艰苦奋斗，任正非先是讲述了华为在创业早期，在懵懂无知的情况下就毅然决然地进入海外市场的悲壮历程，用他的话说，就是在"枪林弹雨中成长"。接着，任正非又带着员工一同纪念了那些为华为的发展做出了巨大牺牲的员工。最后任正非又提出了自己的期望：大时代正呼唤着英雄儿女，机会将永远垂青于那些敢打敢拼的奋斗者。在场的华为管理人员和技术人员在听完了任正非的号召之后无不动容。

3.3.5 领导力是根本

领导力是从战略到执行的根本。在战略执行过程中，必须重视对干部领导力的优化和提升。其中，战略思维能力是企业高层管理者必须具备的基本能力。考虑到执行战略目标工作的长期性和艰巨性，企业应当围绕着干部"是否起到了完成目标所需的示范作用"和干部"是否展现了管理风格上的多样性"这两个主题来对干部的领导力进行具有针对性的优化，如图 3-25 所示。

首先，企业应当严格要求干部对于公司的战略目标做到以身作则。唯有在团队合作的过程中，干部自己首先表达出对战略目标的重视，其下属员工才有可能不折不扣地执行每一个步骤。

其次，各个战略执行部门的领导干部必须对自身的人际沟通能力进行强化。一方面，部门内部的员工秉性各异，其对战略目标的认识和理解也不尽相同，领导干部多和下属进行沟通，能够迅速掌握下属的思想状态，继而统一部门员工的认识，避免内部之间不必要的误会和内耗。最后，领导干部必须不断强化自身的大局意识。企业战略目标的实现过程，必然也是企业对各部门、各团队以及企业和供应商、客户之间不断进行协调的过程，在这个横贯内外、反复博弈的协调过程中，本部门的利益有时会不可避免地和企业的整体利益发生冲突，这时候就需要相关干部有宽广的胸怀和"舍小家为大家"的勇气，做出一定的牺牲，以确保战略目标的最终达成。

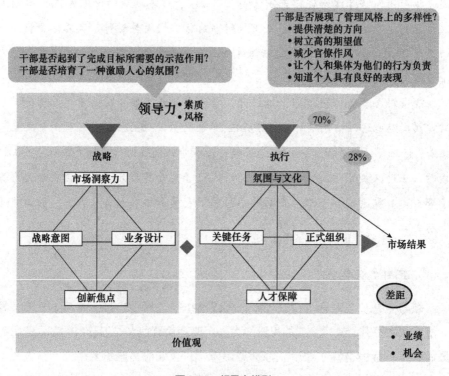

图 3-25 领导力模型

2017 年 4 月 27 日晚，针对发生在手机业务中的"闪存事件"，华为消费者业务首席执行官余承东发布了内部《倡议书》。通过该《倡议书》，余承东反思了前几场声明中的问题，并表态要以更严格的要求约束自己，以更加周全的服务赢得消费者的信心。

在这份《倡议书》中，余承东先是对坚持自我批判的华为文化进行了强调，接着又对微博上网友的意见表达了自己的思考。余承东认为手机行业既是战场也是学校，华为在这所学校中的学业尚未完成，还需要从客户那里得到深造。"闪存事件"对于华为而言与其说是危机，倒不如说是警醒。华为人要认真反思自己在发展的过程中是否已经忘记了初心。余承东本人也对自己作为一名技术人员不能体谅用户的呼声而做了检讨。最后，余承东再次呼吁华为的员工在"五一"假期中要敢于走出门店，积极接触客户，聆听客户心声。

面对危机，华为并没有遮遮掩掩，而是站在了客户的角度，对自己的问题进行了全面而深刻的反思，最终平息了"闪存事件"带来的风波。余承东用"闻过则喜"的态度鲜明地诠释了应对危机需要持续自我批判的道理，同时也凸显了其作为华为高级领导的大局意识。

事实上，高层管理者领导力的培养是通过领导他们的高层团队进行战略问题以及机会的洞察与设计、项目执行等工作实现的。在这个过程中，高层管理者要对业务结果负责，所以他们必须亲力亲为地参与战略的设计与执行，并通过对外部市场的持续观察、识别新的机遇、开发业务设计，从而确保相关的设计是可行的。

3.3.6　价值观是基础

价值观是从战略到执行的基础。价值观是企业决策和行动的基本准则，对于企业的整体发展具有关键的指导意义，它不仅会告诉人们在工作中应当做什么，同时也会告诉人们不用做什么。企业对价值观的坚持，既是其快速达成战略目标的精神动力，也是防止其在经营过程中出现偏差和失误的重要精神保障。通过领导层的以身作则、各级制度流程的承接、典型人物故事的塑造、仪式范式的宣导和多元化传播平台的建设，在全体员工心中植入以"以客户为中心，以奋斗者为本，长期坚持艰苦奋斗，持续自我批判"的核心价值观，真正实现"内化于心，外化于行"，如图 3-26 所示。

2017 年 5 月 16 日，华为手机在深圳举办了首个开放日，将之前从没对外开放的松山湖生产基地和"2012 实验室"等重点资源向媒体开放，以期呈现一个率真、透明的华为。在这个开放日上，加入公司 24 年的"老兵"——华为消费者业务首席执行官余承东，再一次表达了自己对华为文化的理解。

面对网络上关于华为 P10 手机"内存门"的种种争议，余承东表达了华为对消费者坦诚的态度："对待消费者，华为没有一丝傲气，一直都保持着谦卑与忠诚。诚信是华为赖以生存的根本，这条红线任何人都不能逾越。华为欢迎客户通过放大镜、显微镜来审视华为。今后，华为会以更为开放的姿态、更为谦卑的态度，倾听客户的声音，为客户提供更优质的产品和体验。"

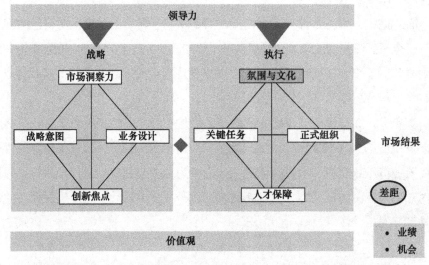

图 3-26　战略执行过程中的价值观部分

紧接着，余承东又向在场的记者和客户阐述了华为在"客户关怀"方面的默默努力："今天的手机用户普遍都很关心手机的辐射，然而用户是看不到手机的辐射的。事实上，在对手机对人体辐射的抑制方面，华为已经做到了行业第一。对此，华为并未兴师动众地去宣传，因为在华为人看来，这一切都是顺理成章的事情，是对客户负责的体现，并不需要挂在嘴边。"

3.4　经验总结

1.战略目标管理价值链是华为三大管理平台之一

无论组织发展规模大小、行业特点及所处发展阶段，清晰的战略方向和目标始终是一个组织最重要的管理任务。正如任正非提到的：华为公司如果能坚持做到"力出一孔，利出一孔"，下一个倒下的就不是华为。"力出一孔"谈的就是战略目标聚焦统一，清晰而明确的战略方向和目标是华为迈向成功的重要保障。

2. 科学的战略目标管理工具，成就"力出一孔"

华为公司通过与 IBM 等西方顶级管理咨询公司的合作，逐渐引入了科学有效的战略目标管理工具，从 20 世纪的绩效考核工具，到 BSC 平衡计分卡，再到今天基于 BLM 模型从战略制定到执行，通过战略解码逐步形成华为公司从战略规划（5 年）到年度业务计划，再到组织目标，最后到个人业绩承诺的战略目标管理体系。华为采用科学的管理工具助力其弯道超车。

3. 战略目标管理需要坚持"道"与"术"结合

战略目标绩效管理是企业管理的难点和痛点。华为通过科学的方法已基本形成了各级战略目标的有效支撑，细化到具体岗位的责任目标，并定期对战略绩效的实现程度进行复盘与考核。同时，华为公司非常重视文化土壤的培育，即布"道"工作的开展，为方法工具落地实施搭建了良好的氛围与基础。"道"与"术"结合的方式让华为公司的战略目标管理系统更加科学有效地运行，确保战略制定与执行的一致性。

第 4 章

> 业务管理平台：
流程管理

业务管理平台是华为三大管理平台之一，是建立在思想管理平台基础之上的业务管理体系，而流程管理正是这一管理平台的核心载体，是确保华为基于客户需求和满足客户需求实现的核心路径。任正非曾经讲过建立行政管理与业务流程管理适当分离的运作机制。流程拥有者负责建设符合业务规则的流程、业务决策机制、流程风险内控及问责制，承担对"事"负责。行政主管负责开展匹配业务目标的组织建设、干部评价及资源配置工作，承担对"人"的管理工作。华为与IBM管理咨询公司合作近20年的流程管理实践经验告诉我们：流程管理的背后不仅仅是业务实现路径，更是实现业务目标最佳路径的总结，更深层次的是实现业务目标最佳路径所具备的能力设计与规划。

4.1 流程管理的核心理念

1990年，管理专家迈克尔·哈默在《哈佛商业评论》上发表了一篇名为《再造：不是自动化，而是重新开始》的文章，率先提出企业再造的思想。所谓"企业再造"，简单地说就是以工作流程为中心，重新设计企业的经营、管理及运作方式，在新的企业运行空间条件下，改造原来的工作流程，以使企业更适应未来的生存发展空间。它以一种再生的思想重新审视企业，并对传统管理学赖以存在的基础——分工理论提出了质疑，是管理学发展史上的一次巨大变革。

流程管理的具体核心作用如图 4-1 所示。

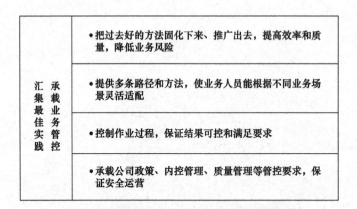

图 4-1 流程管理在业务执行方面所起的具体作用

流程管理的基本组织如图 4-2 所示。

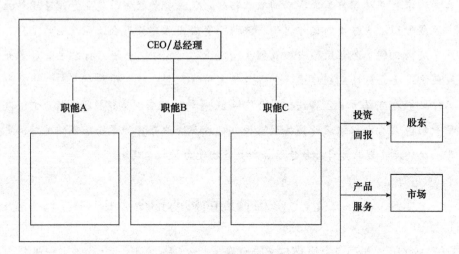

图 4-2 流程管理的基本组织

流程管理的绩效结构如图 4-3 所示。

流程、组织结构与角色三者的关系如图 4-4 所示。

通过上面三种图标的演进，我们清晰地发现一家企业在经营管理过程中，需要通过流程打破部门墙，提供协同效应。流程正是提升组织协同效应、提升组织效率最重要的管理工具之一。

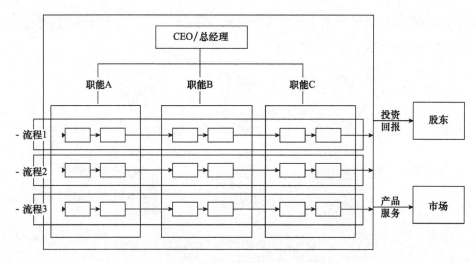

图 4-3 流程管理的绩效结构

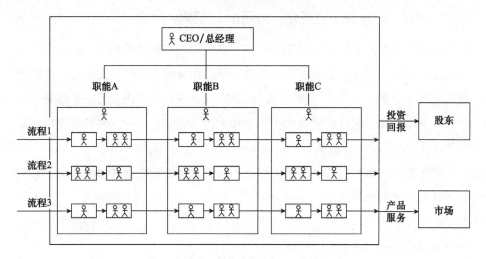

图 4-4 流程、组织结构与角色三者的关系

4.2 流程管理发展的阶段

　　和大多数处于发展初期的企业一样，创业初期的华为并没有明确的科学流程管理体系。为了活下去，华为坚持机会第一，结果导向与群体奋斗的"狼"性管理，在管理实践中一直处在有意无意地探索规范化的管理体系之中。随着企业的进一步做大，华为也逐渐意识到了流程体系的重要性，并从 1997 年开始，与 IBM 管理咨询公司进行了深度咨询合作，历经 20 余年，逐步形成了具有自己特色的业务流程管理体系，如图 4-5 所示。

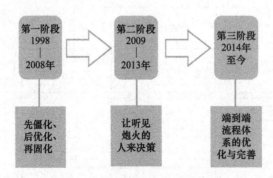

图 4-5　华为流程管理发展的阶段

4.2.1　1998－2008 年：先僵化、后优化、再固化

最初，华为邀请了 IBM 的相关业务团队为自己"把脉问诊"。而在为华为做咨询的初期，IBM 的调研团队就发现了华为在流程方面的症结所在：资源浪费现象极为严重。找到了"病根"，接下来就要想办法解决病灶。紧接着，任正非亲自带领高管团队对欧美的一流企业进行了考察。经过反复权衡之后，华为最终决定还是向自己的第一个老师——"蓝色巨人"IBM 学习。

研发工作是华为创造价值的主要途径，因此对研发机制开展流程优化是具有战略意义的关键举措。从 1998 年开始，华为将 IPD 集成产品开发项目当作了企业进行流程变革的"桥头堡"，并要求公司各部门、各团队的管理者要严格按照 IBM 所设计的流程标准开展工作。

在当时的任正非看来，开展流程管理革新实际上就是在为企业持续、稳定的发展铺路，所以必须坚定不移地推进这项工作。而在那时华为也为自己的改革付出了一定的代价，但这种代价从今天的角度看来依然是值得的：正是得益于任正非所坚持的流程管理变革，华为最终成了世界级的通信技术巨头。从那时起，华为的集成产品开发管理平台直接承载了公司近一半的员工。

不仅如此，华为自 20 世纪 90 年代就开始实行的流程管理变革还将自己的影响力扩展到了本单位之外。现在中国做研发管理的大多数咨询公司都具有华为的背景，它们通过为广大企业提供培训和咨询服务，将最先进的研发管理体系（主要内容就是IBM和华为的研发管理思维、工具和方法）传播到了中国的企业界，并使越来越多的中国企业家认识到研发工作是能够被有效管理和引导的，是能够实现流程化、结构化和定量化的。通过借鉴华为在流程体系方面的成功经验，许多中国企业的研发管理能力得以提升，并从国内走向了全球，从平庸走向了优秀，最终又从优秀迈向了卓越。对端到端流程体系的本土化改良与推广可以说是任正非对中国IT行业的又一大贡献。

在随后的几年时间里，华为公司又相继启动了集成供应链体系ISC和客户关系管理体系CRM的流程机制建设与改进工作。这些举措和集成产品开发IPD一起，为华为初步搭建起了一个世界级的管理平台，并为华为持续开展全球业务扩张奠定了坚实的基础。

华为之所以在当时要执行这种相对保守的流程管理思路，其主要原因在于华为当时的发展环境。彼时的华为公司尚未走出创业阶段，得益于大量的外部机遇和华为人艰苦奋斗的精神，华为在短短的十几年时间里就获得了长足的发展，而其销售收入更是从公司成立伊始的零一路飙升到了100亿元。

然而华为在快速成长的过程中同样也逐渐暴露出很多流程机制方面的问题，特别是管理流程的粗放化和业务流程中的浪费现象，随着企业规模的扩大变得愈演愈烈。当时的华为高层已经洞见到了这些问题的严重性：流程机制如果不做改进，那么作为后起者的华为不仅自身难以持续地发展，而且必将更加落后于那些有"先手"优势的国际巨头。但华为毕竟是一家刚刚有发展起色的小公司，底子薄，经不起折腾，故而当时的华为选择了稳扎稳打的渐进式方法。

4.2.2 2009－2013年：让听见炮火的人来决策

2009年以来，华为在流程建设方面同IBM合作已经有10个年头，具有10年的流程机制建设经验，并具备了流程建设方面的自我纠错能力，流程管理的理念和方法工具深入各大体系，全体员工对流程管理的变革已有了更为科学的理解和实践。2009年华为的销售收入已达到了1 500亿元的规模，"大企业病"初现。具体表现在"中央集权式"的流程管理机制严重削弱了公司经营的灵活性，一线员工对客户的需求难以做出及时有效的回应，一线基层组织的整体工作效率下降明显等。快速的业务增长使总部与一线之间的配合越来越难以协调，彼此之间的矛盾越来越突出。

同年，任正非在"销售服务体系奋斗颁奖大会"上提出了华为运营管理体系建设的新观点，即"让一线呼唤炮火，让听见炮火的人来决策"的指导思想，开启了华为在运营管理体系方面的重大变革。流程管理需要适应新的业务发展要求，流程建设的思路也从"中央集权"式向满足"一线作战"服务需求倾斜。这个阶段，华为在流程管理方面的主要工作任务就是继续聚焦客户需求，并在此基础上认真执行"主干清晰、末端灵活"的流程管理指导思想，同时在保证流程管理原则落实到位的基础上尽可能地提高流程的灵活性，以便让流程机制更好地促进企业业务的进一步扩张。

4.2.3　2014 年至今：端到端流程体系的优化与完善

2014 年，任正非在一场旨在向"蓝血十杰"学习的大会上再一次阐明了自己对于流程管理的认识：企业内部日常管理的核心是流程化的组织建设，若具体到业务流程便是运用一整套自成体系的方法论，通过最简单、最直接的方式，实现端到端流程的贯通。

任正非之所以要提出这样的理念，主要是基于华为在近几年中所遇到的新情况：尽管公司历经十几年的流程管理变革，已经构建起了一套成熟完善的流程管理机制，并为公司进入世界级电信设备商之列提供了有力的支撑，但在新形势、新挑战层出不穷的情况下，华为所遇到的一些问题依然不可能通过现有流程机制解决，需要重新整合流程体系以实现端到端的业务管理平台。具体包括两个方面：首先，从企业内部来看，不同业务部门之间流程的接驳和配合依然不够顺畅，这是华为在流程管理方面的最大短板；其次，放眼整个 IT 行业，华为在流程机制的执行力度和运营效果方面与业界领先企业尚存在着不小的差距，这已经成为阻碍公司进一步提升管理效益的"天花板"。因此，继续推进公司端到端流程体系的建设，实现高质量的运营体系，是华为目前最重要的管理变革任务之一。

4.2.4　华为流程管理体系框架

1.端到端流程体系

所谓"端到端"，是指企业从客户需求到满足客户需求的过程。具体而言，公司的流程框架表现为三个"端到端"，如图 4-6 所示。

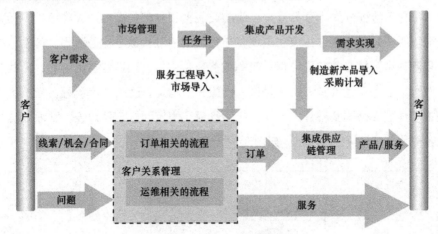

图 4-6　端到端的流程框架

2. 华为的流程体系（Level 0 ～ Level 5）

华为经过近 20 年的流程管理建设，从"先僵化"到"后优化"到"再固化"，从通信设备到移动终端的逐步实践，公司形成了自己独特的分层分类的流程管理体系，如图 4-7 所示。

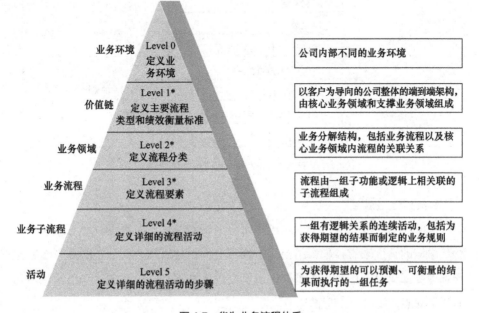

图 4-7　华为业务流程体系

3. 华为的流程业务规划

华为的流程分为运营类流程、使能类流程和支持类流程三大类流程。运营类流程主要是基于客户需求到实现客户需求的端到端核心业务流程，包括从机会点到现金为核心的主要流程；使能类流程是支持公司运营类的流程，从战略到执行、业务关系维护、服务交付、供应、采购及管理投资等流程；支持类流程主要体现在公司基础性的流程，包括管理人力资源、管理财经、管理 BR&IT 及管理业务支撑等业务领域，如图 4-8 所示。

流程类别	流程明细	备注
运营类	1.0 集成产品开发	交付与之有关的一切业务，即为客户价值创造流程
	2.0 市场到线索	
	3.0 线索到回款	
	4.0 问题到解决	
使能类	5.0 开发战略到执行	响应操作流程的需求，用以支撑操作流程的价值实现
	15.0 管理资本运作（机密流程）	
	6.0 管理客户关系	
	7.0 服务交付	
	8.0 供应链	
	9.0 采购	
	14.0 管理伙伴和联盟关系	
支持类	10.0 管理人力资源流程	公司基础性的流程，为使整个公司能够持续有效、低风险运作而存在
	11.0 管理财经流程	
	12.0 管理业务变革&信息技术	
	13.0 管理基础支持	

图 4-8　华为的流程业务规划

4. 流程分层框架

从横向的角度来看，华为的流程可分为一级流程、二级流程和三级流程，而从纵向的角度来看，华为的流程框架可分为战略管理流程、核心业务流程以及管理支撑流程三部分。正是这种纵横交织的流程分布，构成了华为清晰的流程分层框架，如图 4-9 所示。

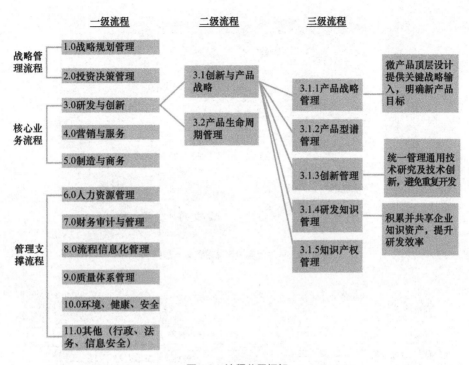

图 4-9 流程分层框架

4.3 典型流程体系介绍

现代商业社会的竞争趋势已经日渐扁平化、立体化，企业在发展的过程中不可避免地会出现组织冗余、流程环节增多的问题。企业需要基于客户需求不断地推进各种管理变革，以适应新的竞争需要。企业要想活下去，就必须痛下决心，对自身的管理体系进行不断的变革、优化，以消除不必要的中间环节，从而实现从客户需求到满足客户需求的端到端的流程贯通。

华为经过近 20 年流程管理变革的不断优化和完善，已经成功地建立起以客户需求为导向，以战略规划／商业计划、集成产品开发、客户关系管理、集成供应链为主要内容的端到端的流程体系，如图 4-10 和图 4-11 所示。

4.3.1 集成产品开发

集成产品开发（Integrated Product Development，IPD）是一套产品开发的模

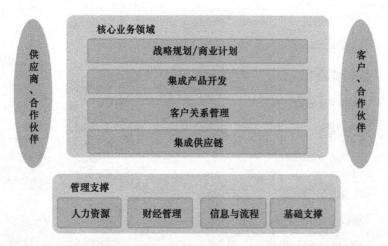

图 4-10　华为典型流程体系的第一层架构

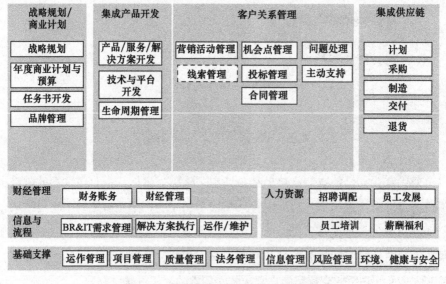

图 4-11　华为典型流程体系的第二层架构

式、理念与方法。IPD 的思想源于美国 PRTM 公司出版的《产品生命周期优化法》（*Product And Cycle-time Excellence*，PACE）一书。全球最先将 IPD 应用于管理实践的是 IBM 公司。1992 年，IBM 在激烈的市场竞争下，遭遇到了严重的财务危机，销售收入停止增长，利润急剧萎缩。经过分析，IBM 发现其在研发费用、研发损失费用和产品上市时间等几个方面远远落后于业界最佳。为了重新获得市场竞争优势，IBM 提出了将产品上市时间压缩 50%，在不影响产品开发结果的情况下，将研发费用减少 50% 的目标。为了达到这个目标，IBM 公司率先应用集成产品开发（IPD）的方法，在综合了许多业界最佳实践要素的框架指导下，从流程重整和产品重整两个方面来实现缩短产品上市时间、提高产品利润、有效地进行产品开发、为顾客和股东提供更大价值的目标。IPD 的实施为 IBM 公司带来革命性的成果，公司的研发效率和效果大幅度提升，助力 IBM 重塑科技领先。

1999 年华为同 IBM 正式合作引入 IPD 体系，全面重整华为的研发体系。IPD 给华为带来的不仅仅是科学的技术研发、开发产品的工具与方法，在思想观念层面也给华为带来了深刻的影响。诸如研发产品是一项投资行为、研发产品是一项跨部门的工作、研发产品需要平衡管道资源、研发产品更是一项项目管理、研发产品需要结构化的流程等。IPD 体系结构如图 4-12 所示。

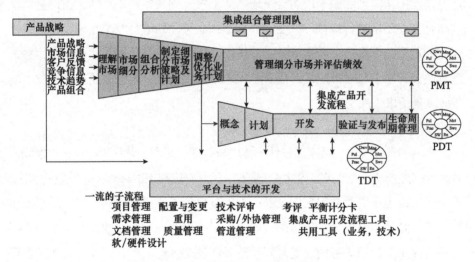

图 4-12 集成产品开发体系结构

从内容上来看，集成产品开发流程主要分为概念、计划、开发、验证与发布以及生命周期管理 6 个阶段。

1. 概念阶段

概念阶段的目标在于保证项目研发团队以项目任务书为依据，对市场机遇、需求、隐性的技术及制造风险、成本和进度预测、资金影响等方面开展归纳性的评估和归档。

概念阶段完成的标志是概念决策评审点工作的完成。项目研发团队经理对初始产品的各项概念进行梳理，向产品线集成组合管理团队（IPMT）进行汇报。并由后者进行审批。一旦得到批准，相关概念就进入计划阶段，否则就取消该项目或重新确立方向。

2. 计划阶段

计划阶段的目标是把有关产品包装和解决方案的商业计划拓展为细致的产品内容定义，并开启对研发方式的正式规划，其中包括全面的产品定义、研发和制造方法、营销计划、项目管理方案、产品支持方案、细化的进度以及财务研判。

计划阶段完成的标志是计划决策评审点工作的完成，其审批工作同样需由产品线集成组合管理团队来完成。计划决策评审点的工作就是让产品研发团队（PDT）和产品线集成组合管理团队对决策评审材料当中归纳的要点做出保证。产品研发团队向产品线集成组合管理团队上报规划决策评审材料，由产品线集成组合管理团队进行审核。只要得到批准，业务计划就会与产品研发合同书一起变为对公司和客户的双向承诺，并被用在下一步对各阶段工作的评估中去。计划决策评审工作结束之后，假若相关承诺发生改变，则产品研发团队要上交规划变更请求（PCR）。

3. 开发阶段

产品的开发阶段包括产品设计、合成与验证、生产工艺策划和实行、性能、技术或构造模块、生产风险评估6个方面。开发阶段结束的标志是该阶段的退出，而能否完成退出则需要相关审批部门根据项目的进度进行评估。当产品研发团队内部一致认为开发阶段完成时，即由该团队的经理宣布完成，并上报相关部门进行评审，当相关部门完成对开发阶段的技术评审之后，开发阶段即宣告顺利退出。

4. 验证与发布阶段

验证与发布阶段完成的标志就是相关团队成功进行内部测试并向生产部门正式发布生产标准。其中，内部测试包含了硬件或软件的压力测试、标准及规格的符合性测试、专业认证等。在这个阶段最终要发布的生产标准则包括相关产品生命周期内完成量产的准备、计划补充以及定型的盈亏计划。

5. 生命周期管理阶段

当集成产品开发流程的最后阶段完成之后，相关产品即进入生命周期管理阶段，该工作由相关企业进行统一安排。

4.3.2　集成供应链

集成供应链（Integrated Supply Chain，ISC）是一种集成化的供应链管理解决方案，其目的是完成公司内外部和客户、供货商的基本联系以及企业供应链端到端链条的整体运作。主要包含了如下内容：供应链战略和设计、集约化的供应链流程、端到端供应链体系、集成化的供应链关键业绩指标度量、集成化的供应链信息、专业化的供应链管理途径和技术。正如华为的流程管理思想是来自 IBM 一样，华为的集成供应链流程也师承 IBM。

基于 SCOR 模型而形成的华为集成供应链流程一面连接着客户，一面连接着供应商，中间再由物流、信息流、资金流等作为两者之间的连接。华为 ISC 的理论基础来源于 SCOR 模型。SCOR 模型即美国供应链协会于 1996 年年底推出的一种供应链运营参考模型，其宗旨在于协助各类公司优化供应链管理效率。SCOR 模型如图 4-13 所示。

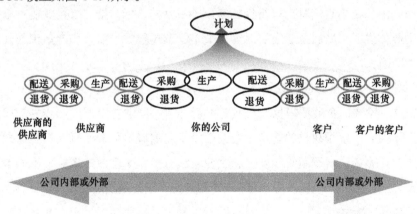

图 4-13　SCOR 模型

从宏观的角度来看，集成供应链流程主要包括战略规划、年度商业计划与预算、任务书开发三个方面。从纵向的角度来看，集成供应链流程则包含了产品 / 服务 / 解决方案开发、机会点管理、合同管理三个方面。在使能流程方面，集成供应链流程则包含了计划、采购、制造、交付、退货5个方面。而到了具体的执行层面，企业则需通过以下4步完成对集成供应链流程的落实，如图4-14和图4-15所示。

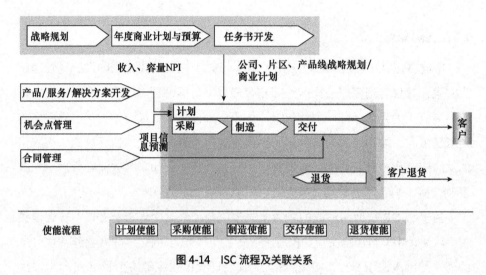

图4-14　ISC流程及关联关系

1. 确定和业务目标相适应的客户关系战略

在这个阶段，企业要根据自身的战略诉求对客户的现状进行研判，紧接着根据研判出的结果制定具有可行性的客户关系维护目标，接下来企业要对相关的行动具体说明，最后企业还要对客户关系管理过程中的监控和度量工作作出特别的明确。

2. 对客户关系进行战略规划

在这一阶段，企业要根据已经制定的目标对不同的客户做进一步的管理规划。对于拥有一票否决权的客户，企业要将主要的精力和资源投入到对这批客户的维护过程中；对于组织型客户，企业应注意个人对客户的掌握决不能凌驾于公司之上；而对于一般意义上的客户，企业应当随时随地解决发现的问题。

3. 与客户接触

到了实打实、硬碰硬的接触阶段，工作人员应积极通过巡展、公司参观、展会、日常拜访、现场交流会等途径和客户进行多维度、长时间的交流，同时还要在脑海中始终思考两个问题：一是从客户身上能否找到有利于品牌发展的特性，二是通过和客户的交流能否具体的项目。

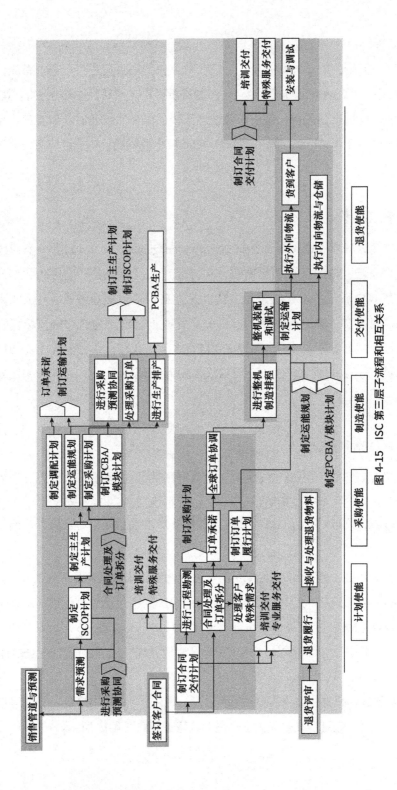

图4-15 ISC第三层子流程和相互关系

4. 管理客户的满意度

在这一阶段，工作人员应从各个维度对客户的满意度进行引导。首先，在售前、售中、售后的各个阶段，企业要时刻聆听客户对产品、公司的评价。其次，面对可能出现的产品投诉，企业应通过全天候的服务热线及时获取客户意见并在 14 小时之内做出答复。最后，面对一些非技术性问题，企业也应做好对客户的及时应答。

4.3.3　客户关系管理

客户关系管理（Customer Relationship Management，CRM）是一个持续强化和客户交流，持续认识顾客需求，并持续对产品和服务开展优化和提高，继而满足客户需要的持续性过程，其本质是公司通过信息技术（IT）和网络技术完成对客户的整合性营销。客户关系管理是以客户为核心的市场营销在技术和管理层面的双重实现。华为经过近 20 年的实践，结合标杆企业的最佳实践总结，逐步形成了华为独特的 CRM 业务管理体系，如图 4-16 和图 4-17 所示。

4.3.4　从线索到回款

从线索到回款（Leads To Cash，LTC）是一种企业运营管理思想。华为的 LTC 流程以企业的营销和研发两大运营核心为主线，旨在打造一个从市场、线索、销售、研发、项目、交付、现金到服务的闭环平台型生态运营系统，如图 4-18 所示。

对于华为从线索到回款（LTC）流程基本框架，从纵向来看，可以被分为从 L1 到 L6 的 6 个层级。其中，L2 层级为流程组，其中包括管理线索（MTL）、管理机会点（MO）、管理合同执行（MCE）3 个任务方向；L3 层级则为普通的流程层级，其中以验证机会点、标前引导、制定并提交标书、谈判和生成合同 4 项工作为前提。

LTC 流程体系的主要内容包括线索管理、项目立项、标书准备、投标、谈判、合同评审、合同签订、交接等 8 个阶段。具体步骤如图 4-19 所示。

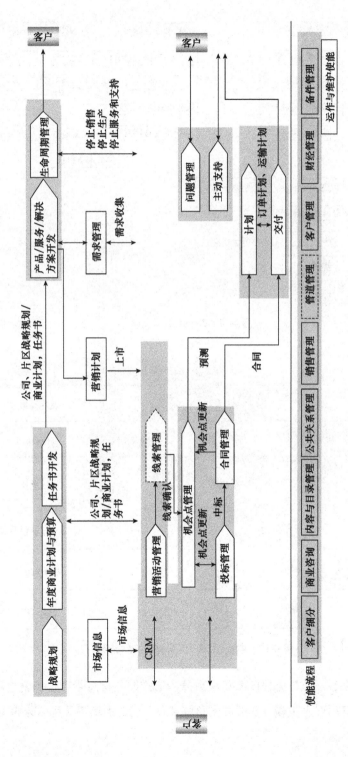

图 4-16 CRM 流程及关联关系

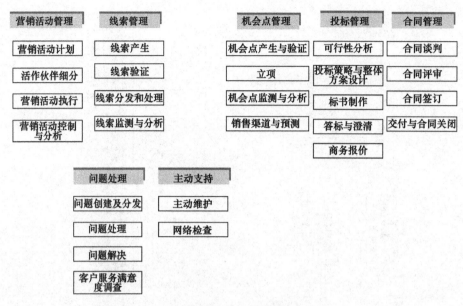

图 4-17　CRM 第三层流程

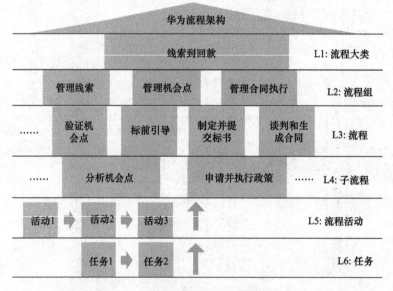

图 4-18　华为从线索到回款流程的基本框架

从整体来看，LTC 流程体系可大致分为客户购买信息管理、销售过程管理和合同履行管理三大步骤。从微观的角度来看，这三大步骤又可以分为 14 个小步骤，如图 4-20 所示。

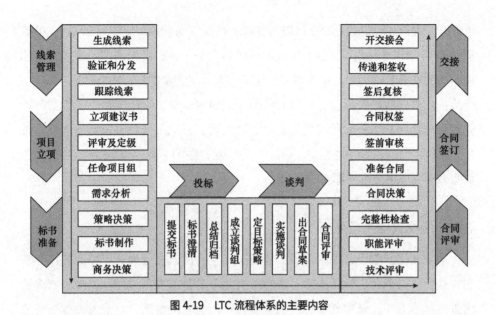

图 4-19　LTC 流程体系的主要内容

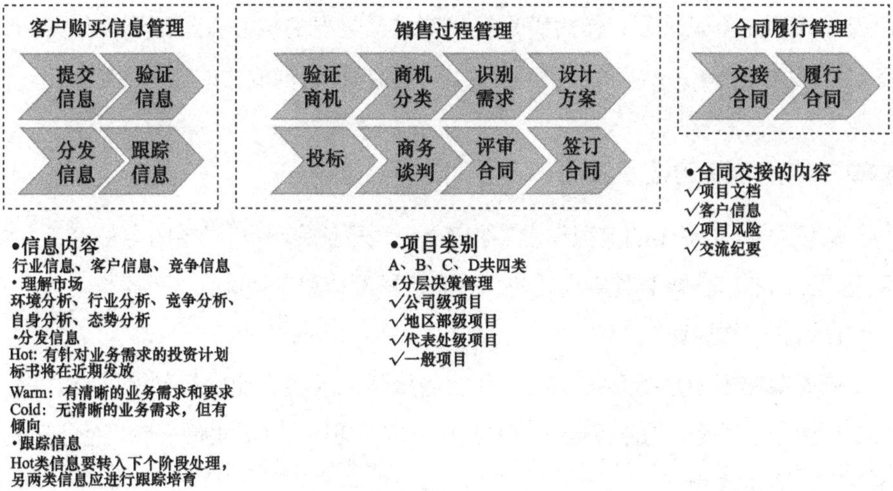

图 4-20　LTC 流程部分示例

4.4　流程管理的方法论

纵观华为流程建设的历史，坚持同 IBM 合作 20 年，坚持"先僵化，后优化，再固化"的指导思想，逐步建立和推行集成产品开发（IPD）流程、集成供应链

（ISC）流程、集成财经体系（IFS）流程、从线索到现金（LTC）的端到端的流程管理等，通过一系列流程的整合形成了华为基于客户需求到满足客户需求的端到端的业务管理平台。华为对流程管理的理解也逐步加深，主要体现在以下 3 个阶段。第一阶段流程就是实现业务目标的路径；第二阶段流程是实现业务目标的最佳路径；第三阶段流程不但是实现业务目标的最佳路径，更是实现业务最佳路径中所应该具备的能力。华为的流程建设遵循科学的方法论和经营总结，具体表现在以下几个方面。

4.4.1　流程管理就是变革

华为公司的流程管理的发展历程与国际巨头的流程管理历程相比并没有特别之处，华为也经历过"人治—法制—文治"的管理变革过程，其流程管理的演进过程不亚于一场现代版的"商鞅变法"。流程的背后就是业务，业务调整必然引起各业务板块的利益调整，必然面临重重阻力。华为一开始就把流程管理当成管理变革来管理，作为满足客户需求最重要的核心管理工具，华为认为流程管理就是变革，从思想上高度重视是华为流程管理成功的重要因素。

4.4.2　流程管理建设三部曲

从华为 20 年多年的流程建设实践来看，华为在流程建设中的方法论，主要采用"三部曲"，即业务架构规划、关键流程设计和流程优化。

1. 业务架构规划

业务架构规划是指系统梳理企业业务构架，描述企业价值创造的全过程，输出结构化、可视化的流程全景图和流程清单，通俗点讲，类似一张"企业作战"地图，如图 4-21 所示。

流程架构设计示例如图 4-22 所示。

下面，以华为的人力资源的管理流程为例，对业务架构规划进行直观的介绍。

常见的业务架构设计的方法有：价值链分析法、标杆法、关键成功要素法等。同时，业务架构设计需要遵循的四大原则：（1）基于价值链分成核心业务和管理支持两大类；（2）端到端和里程碑——基于客户生命周期及业务生命周期进行阶段分解；（3）结合业务模式的差异化进行流程差异化构建；（4）确保完整性、系统性和唯一性。

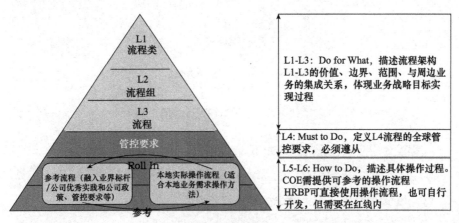

图 4-21　业务架构规划

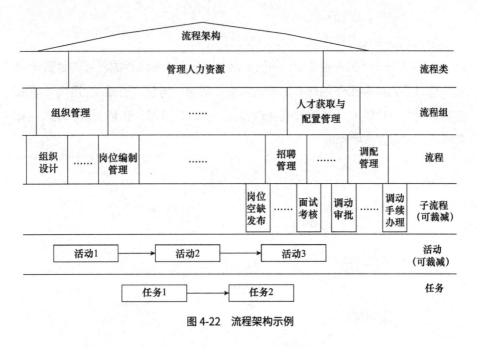

图 4-22　流程架构示例

2. 关键流程设计

企业要想对关键流程进行设计，首先要明确什么是"关键流程"。所谓关键流程，即企业内部关键能力培养、业务痛点解决、运行频度维护这 3 项工作的总和，如图 4-23 所示。

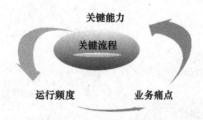

图 4-23　关键流程的评价维度

流程设计中应该遵循的原则如下。

① 以客户的需求为中心，端到端设计流程。

② 以价值目标为驱动，减少流程中的非增值活动。

③ 在流程中强化事前控制。

④ 将流程中的活动匹配到角色而不是部门。

⑤ 适度的授权以提升效率。

⑥ 通过模板化提升执行质量，减少过程返工。

（1）流程设计的关键要素，如图 4-24 所示。在流程设计的所有关键要素中，客户与目的是所有工作的核心。驱动规则、活动、角色、关键成功因素、关键控制点等为整个流程的实施提供实现途径。而问题区域、边界、流程 KPI 等则起着校正流程细节的作用。

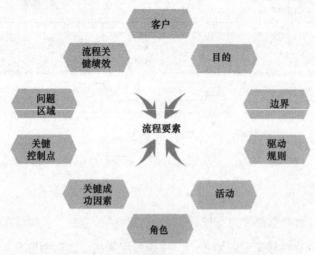

图 4-24　流程设计的关键要素

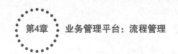

（2）流程设计的方法。WORKSHOP 是对流程进行现场梳理、优化的方法。采用从 AS—IS 到 TO—BE 的逻辑方法，即首先建立现状流程模型，然后评估现状流程，进行差距分析，再提出优化方案，并设计未来流程。

在对现状流程进行建模之前，企业相关人员要先建立一张故事板，之后再根据故事的情节一步步展开面谈并建模，如图 4-25 所示。

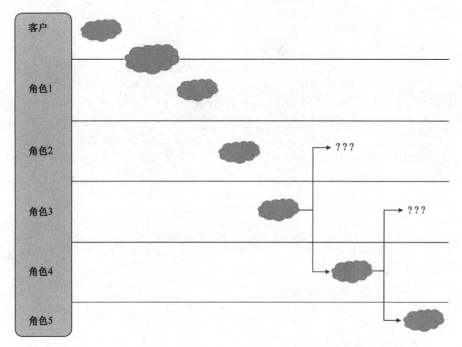

图 4-25　流程设计中的"创建故事板"环节

通过电子化实现流程图，如图 4-26 所示。

所谓流程文件，就是流程基本要素的定义文件，其功能是描述且仅描述流程中必须执行和必须遵守的要求，即流程的骨架和基础部分。具体来说，包括流程的目的、业务范围、KPI 指标、流程图、角色及其职责、流程说明、支持文件、相关文件和记录的保存 9 个部分。流程文件结构的主要内容如图 4-27所示。

（3）流程优化

①流程优化的机会点

● 战略与绩效定位匹配的需求。

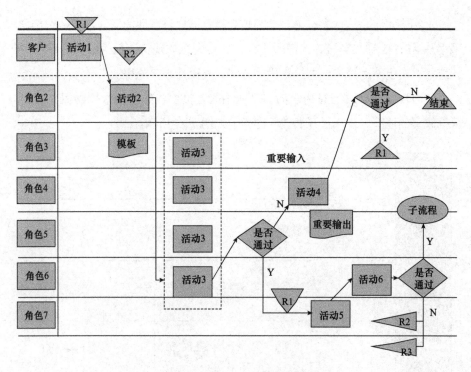

图 4-26　通过电子化实现流程图

- 业务策略调整。

- 最佳实践及竞争对手对标。

- 持续改进需要。

- 业务痛点驱动。

- 客户投诉集中的问题。

- 流程审计中发现的问题。

- 例外或异常频发的地方。

- 业务各环节反馈协同效率的问题。

- 浪费严重的问题。

②流程优化的方法 ESIA 法

- 清除——Eliminate。

- 简化——Simply。

- 整合——Integrate。

- 自动化——Automate。

流程文件

流程基本要素的定义文件，描述且仅描述流程中必须执行的和必须遵守的要求，即流程的骨架和基本部分。

* 文件名称：
* 文件编码：
* 版权：
* 拟制人：
* 流程责任人：
生效日期：
* 标准角色：

流程架构
*L1: []
*L2: []
*L3: []
L4: []
L5: []
* 适用范围：

0 定义

1 目的

流程目标	
业务用途	
本流程对上述目标的贡献	

2 业务范围

流程起点		流程终点	
业务范围			
适用范围	立项范围\产品范围\地域范围\		

3 KPI指标

指标名称	指标定义	计算公式

4 流程图

5 角色及其职责

序号	角色名称	缩写	职责

6 流程说明

活动编号	活动名称	执行角色	活动内容

7 支持文件

序号	文件名称	文件编码

8 相关文件

上层文件名称	文件编码	上下游接口文件名称	文件编码

9 记录的保存

图 4-27 流程文件结构的主要内容

③流程优化的七大步骤

企业成功地设计出自己的流程固然是一件好事，但这并不意味着相关的企业就可以高枕无忧。市场在变化，企业的流程也应当与时俱进。故而流程优化就成为企业对流程进行日常管理的重要工作，如图 4-28 所示。

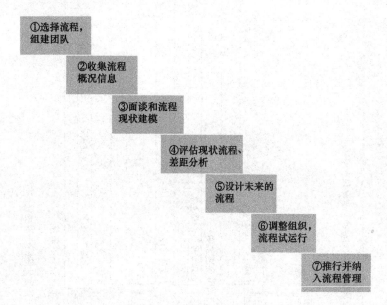

①选择流程，
组建团队

②收集流程
概况信息

③面谈和流程
现状建模

④评估现状流程、
差距分析

⑤设计未来的
流程

⑥调整组织，
流程试运行

⑦推行并纳
入流程管理

图 4-28　流程优化的七大步骤

4.4.3　建立长效机制

正如宏伟的罗马城不可能在一天之内建成，华为行之有效的流程管理长效机制也不可能在相关员工的一腔热血下一蹴而就，而是要经历一个分阶段、分步骤、层层递进的发展历程。唯有知晓来处，才可方知去处，认真梳理华为公司推行流程管理长效机制的每一个环节和具体内容，不仅有利于广大企业更加立体地认识华为在端到端流程体系建设方面的成功经验，更有利于广大企业在前人的基础上科学地进行自主流程机制建设，如图 4-29 所示。

1. 设立流程管理的组织保障

从高层到基层，华为设立了 3 道"防线"，如图 4-30 所示，这些防线为公司的流程管理提供了有力的保障。

流程管理生命周期	• P	规划流程框架；确定流程责任人；设计流程内容；设计模板；设计流程绩效目标；
	• D	流程试运行；培养流程执行人；流程问题解决；例外管理
	• C	流程指标分析；流程体系审核；流程专项审计
	• A	流程改善提案；流程改善流活动；流程成果发表；流程优化激励

图 4-29 建立全流程生命周期管理的机制

组织级别	流程管理职责
公司高层	• 商业模式创新 • 流程优化优先级决策 • 关键流程成果评审与激励
业务部门负责人	• 主导相关流程的建立与持续优化 • 例外事件处理
流程管理职能部门	• 制定和实施流程优化的计划 • 落实流程责任人 • 推动流程优化活动 • 开展流程审计

图 4-30 流程管理的组织保障

2. 建立流程审计机制

企业的经营离不开监督工作，流程管理亦是如此。华为的流程审计基于稽查和测评两项工作展开，基本覆盖了流程管理的所有方面，如图 4-31 所示。

3. 流程优化驱动机制

为了提高相关员工对既有流程进行优化的积极性，华为还在公司内部设立了流程优化驱动机制，如图 4-32 所示。

4. 流程管理考核和激励机制

• 纳入管理人员任职资格绩效考核的要求。

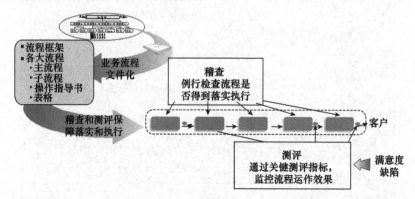

图4-31 华为流程审计机制

序号	类别	驱动要素
1	流程绩效 指标驱动	• 流程绩效目标提升要求 • 流程规划及优先级排序结果 • 公司高层提出的要求
2	问题驱动	• 客户反馈的问题 • 流程审计中发现的问题 • 流程主管或业务单元主管提出的问题
3	业务变更 驱动	

图4-32 流程优化驱动机制

- 帮助项目组提高流程设计和流程优化的技能。
- 向项目组成员的领导通报项目成员的工作成果。
- 进行年度评优活动和公司通报表彰。

4.5 经验总结

1. 一切源于客户需求的端到端管理

业务管理价值链是华为三大管理平台内容之一，是承接思想统一平台的核心环节。华为基于来自客户的挑战和压力，从线索机会点、客户需求、客户服务请求这3个方面入手，通过对从线索到回款（LTC）、集成产品开发流程（IPD）、从问题到解决（ITR）这3个基本流程的搭建，成功实现了基于客户需求的端到

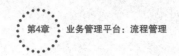

端的流程管理体系。

2.聚焦流程绩效指标，从质量、成本和周期 3 个维度考虑，兼顾风险

流程 KPI 管理是流程建设中最重要的要素之一，也是衡量流程性组织的重要标准。聚焦流程绩效改进目标比执行流程更重要。华为流程绩效目标主要从质量、成本和周期 3 个纬度评价，同时兼顾风险管控。正如任正非所讲：流程建设首先需要确保准确及时交付客户产品，要赚到钱（成本），不要贪污腐败（风险）。华为坚持在微观上关注流程绩效，从而在宏观管理上带来组织整体绩效的提升，进而提升客户满意度。

3.流程致力于提高组织的协同效率，打破部门墙

企业因为组织本位的存在，天然存在部门壁垒及跨部门合作的问题。华为公司也不例外。过去 30 年，华为坚持同 IBM 合作引进先进的流程管理工具，通过业务架构规划、流程设计到长效机制的建立，逐步形成基于客户需求到实现客户需求的端到端的业务管理平台，这一业务管理平台从根本上改变了华为公司的经营理念，对提升组织的协同效率、打破部门墙起了根本的作用。

第 5 章

> 干部管理平台:
以奋斗者为本

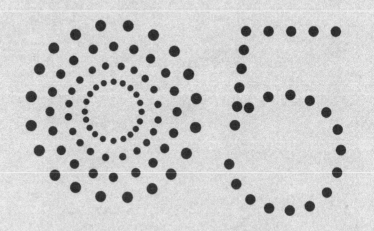

华为成立 30 年以来，不断实践和探索科学合理的人力资源管理模式，逐步形成独特的人力资源管理体系，即坚持以客户为中心的价值创造、以结果导向的价值评价和以奋斗者为本的价值分配。在聚焦客户需求成就、客户商业成功的最原始的商业逻辑下，经营管理体系过程中也逐步形成具有世界级管理水平的三大管理平台：思想统一平台、业务管理平台和目标统一平台，但这三大统一平台驱动的唯一因素就是管理干部。干部管理是人才管理的核心环节，干部强则人才强。俗话说，兵雄雄一个，将雄雄一窝。华为坚持以奋斗者为本的管理理念推行干部的选拔与任用，形成独特的干部管理体系。

5.1 人才发展的理念

人永远是企业成功的第一要素。华为经过 30 多年的实践，逐步总结出了适合自己的人才发展核心理念，这些理念同华为的企业文化一脉相承，为华为的干部管理体系奠定了坚实的基础，如图 5-1 所示。

5.1.1 培养所有的管理者

在华为看来，无论是高层、中层还是基层，所有管理者在本质上都肩负着领导者培养领导者的关键任务，所以以培养未来管理者的第一个原则便是"必须培养所有的管理者"，即全面培养。在华为凡是达到一定级别的干部，都必须

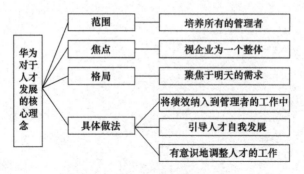

图 5-1　华为对于人才发展的核心理念

接受专门的培训项目和进行循环赋能，确保公司人才储备充足并能得到能力的均衡发展，华为大学就是培训干部的"主战场"。

新的华为大学主校区于2016年9月20日在东莞松山湖高新区正式开工建设，根据计划将在2018年年内投入使用。而在这之前，华为大学已经成立了十多年之久，就是在这短短的十多年中，华为凭借着自身完备而又专业的培训制度，一举成为备受行业内外人员关注的焦点。

凡是正式参加工作三个月以上的华为员工，都可以申请进入华为大学接受培训和深造。在华为大学学习期间，所有员工不论本职工作如何、不论级别高低，互相之间一律以同学相称，对待教员也会以"老师"相称。

在培训内容方面，华为大学为广大学员准备了丰富的课程，从宣传企业价值观的企业文化课程，到专门帮助业务有效开展的产品知识讲座，从应对客户时需要的营销技巧，到进行产品开发时需要理解的相关标准，华为大学都会做出具有极强专业性的教学。

除了一般意义上的专业培训，华为大学还建立了符合自身标准的人才能力鉴定体系，想要证明自己进步情况或即将晋升的员工，还可以在华为大学进行管理能力或技术能力方面的专业鉴定。

从纵向的角度来看，华为大学做到了教学内容的全覆盖，无论是技术培训，还是管理培训，所有的华为员工都能在这里学到自己需要的知识。从横向的角度来看，华为大学的培训对象更是做到了公司员工的全覆盖，"入职三个月即可申请入学"，华为这种几乎没有死角的培养制度正是其对于"培养所有的管理者"理念的扎实贯彻。

5.1.2 将焦点放在明天的需求上

作为科技主导型的跨国企业，华为对于市场未来的需求和公司未来的发展具有天生的敏感性。如果说"以客户需求为中心"是华为从过去到现在一贯遵循的企业文化，那么以前瞻的视角，站在未来的客户需求角度来确立企业的经营方向，便是华为在人才发展方面的重要理念。对于企业未来的管理者，华为不会将对人才的管理限制在仅仅是完成今天的某一个阶段性的目标上，而会把对人才的培养聚焦到明天的需求上。

5.1.3 只有视企业为整体，才能提升一个人的视野

企业是由众多员工组成的组织，其自身的发展与每一名员工的努力息息相关。特别是在整个公司经营体系中起到关键作用的干部队伍，其一举一动，都会对企业的经营带来重要的影响。这就要求干部具备更全面、更立体的眼光。在日常的经营过程中，华为会优先选拔并培养有大局观的人才。这些干部要将整个公司而不是自己所在的部门或团队当作自己工作的着眼点，站在企业整体发展的总方向上来思考自己的工作思路和决策。

5.1.4 给予管理者一份契合实际的、追求绩效的工作

优秀的干部一定有优秀的结果。在其位，谋其政。华为对自己的干部工作提出了明确的业绩要求，管理者的工作应当以追求绩效为导向，追求商业成功。管理者代表公司商业成功，每一个行动、决策要以公司的商业成功为首要尺度，管理者要以所创造的商业成果证明自己的存在价值和权威。华为坚持给管理者一份契合实际的、追求绩效的工作，坚持结果导向。

5.1.5 真正重要的是自我发展，知识是劳动的准备过程

华为在培养人才的过程中，更加偏向于对人才自我发展的引导，创造各种条件让走上领导岗位的人才自觉自愿地进行学习充电，以便为多样化的脑力劳动提供足够的知识储备。在对干部队伍的管理方面，华为一向坚持"无为而无不为"的理念，帮助干部特别是新进干部从"要我成长"的"必然王国"走向"我

要成长"的"自由王国"。一个管理干部需要主动学习，知识是劳动的准备过程，华为通过干部轮岗，增加干部的危机意识，促使干部追求成长的内驱力。

5.1.6 当员工的工作范围改变时，往往也同时满足了个人发展的需求

华为坚持不拘一格降人才的人才发展理念，不仅仅体现在不唯学历、唯才是举的人才选拔机制，同样也体现在对人才立体化、多样化的使用和培养上，对华为的干部更会定期进行轮岗管理。即便是同一个领导岗位，华为也会有意识地为相关人才安排不同的工作内容，以便这些人才的工作能力能够得到全方位的展现，为员工和干部拓展尽可能广阔的发展空间。当员工的工作范围发生改变时，不仅企业的潜在实力能够得到较为充分的发挥，相关人才自身的发展需求也能通过变换岗位得到最大程度的满足。

5.2 干部能力发展路径与方法

5.2.1 干部能力发展路径

干部能力发展路径如图 5-2 所示。

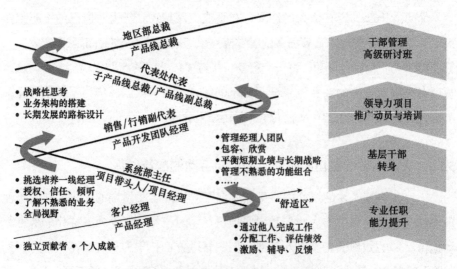

图 5-2 干部分层分类的学习发展项目

5.2.2　干部能力发展主要模式"721"

干部能力发展主要模式如图 5-3 所示。

	70% 的能力通过 工作实践得来	✓项目制工作 ✓跨部门工作组 ✓轮岗
100% 能 力 提 升	20% 的能力通过 辅导反馈得来	✓思想导师 ✓导师、教练 ✓担任兼职讲师、高层干部亲自授课 ✓360°反馈 ✓批评与自我批评
	10% 的能力通过 课堂培训得来	

图 5-3　干部能力发展主要模式

5.2.3　华为大学干部培训

华为大学校训如图 5-4 所示。

华 为 大 学 校 训	健 壮 体 魄	坚 强 意 志	不 折 毅 力	乐 观 精 神	顽 强 学 习	团 队 协 作	积 极 奉 献

图 5-4　华为大学校训

华为大学的愿景、使命和理念如图 5-5 所示。

华为大学的愿景和使命　华为培训理念
——企业与人才发展助推器

将军的
摇篮

融汇东西方智慧与华为实践，
助推企业全球化发展

• 领导者发展领导者
• 实施、实战、实用，从实践中来，到实践中去
• 绩效—结果导向
• 向艰苦地区和一线倾斜

• 让千万优秀的人才提升能力，锻造精神，走上将军之路
• 让企业知识与能力的快速更新复制，成就公司战略成功
• 血性与胜利的精神

图 5-5　华为大学的愿景、使命和理念

5.3 干部的使命与要求

5.3.1 华为干部的使命和责任

华为干部的使命和责任如图 5-6 所示。

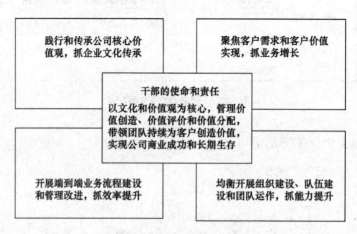

图 5-6 华为干部的使命和责任

（1）干部要担负起公司文化价值观的传承：后备干部必须认同企业的核心价值观，并具有自我批判精神。

首先，一家企业能长治久安的关键，是它的核心价值观被后备干部确认，后备干部又具有自我批判的能力。

其次，接任是广义的，是每件事、每个岗位、每条流程发生的交替行为，各个岗位都有后备干部。

最后，干部是用价值观约束、塑造出来的，这样才能使企业长治久安。一同努力的精神源泉，是企业的价值观。

（2）洞察客户需求，寻找商业机会，抓业务增长。华为从规模增长到追求长期有效增长是公司实现获利能力和未来潜在获利机会的综合表现，如图 5-7 所示。

（3）从客户需求出发，不断优化流程与管理，抓内部运作效率提升，如

图 5-8 所示。

长期有效增长的本质是	公司价值的增长	长期	• 利益的本质是生存的机会，短期利益只有转化为长期利益，企业长期生存才有基础 • 追求"一定利润率水平上的成长最大化"，不以股东利益最大化为目标，为长期增长和获取可持续利润奠定基础
		有效	• 粗放式经营不可持续，必须强调有质量、有内涵的增长 • 财务结果是衡量有效性的基本标准
		增长	• 吸引和保留人才 • 获取外部资源和整合力 • 消化社会成本的增长和内部熵增

图 5-7 公司价值增长的三个方面

图 5-8 干部在优化流程与管理时需要考虑的三个方面

（4）抓组织能力提升，确保以客户需求为中心的战略得以落实。业务战略必须落实到以组织、人才和文化氛围为关键支撑的执行举措上。打造强大的组织能力，有效落实以满足客户需求的核心业务战略已经成为业务战略的有机组成部分，是每一个干部必须具备的能力，如图 5-9 所示。

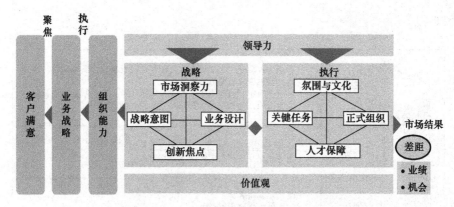

图 5-9 抓组织能力提升，确保以客户需求为中心的战略得以落实

5.3.2 对干部的个人要求

- 坚持长期艰苦奋斗。
- 敬业精神和献身精神。
- 用人五湖四海，不拉帮结派。
- 不断改进思想方法，把握开放、妥协、灰度。
- 实事求是，敢讲真话。
- 以身作则，提升自身的职业化水平。
- 有自我批判精神。
- 保持危机意识。
- 个人利益服从组织利益。

5.4 将军是打出来的

宰相必起于州部，猛将必发于卒伍。华为坚持从有成功实践经验的人中选拔干部。正如任正非所强调的：在上"甘岭上"选拔和培养干部。通往伟大事业的道路从来都不是一片坦途，唯有主动迎接命运的挑战，百折不挠地前进，纵然碰得头破血流也不改初衷，方能实现从"秀才"到"将军"的华丽转身。一句话，将军是打出来的，如图 5-10 所示。

		公司的责任是选拔	- 创造内部竞争环境 - 为有成功实践结果的干部提供更有挑战的实践机会 - 不断选拔和淘汰
将军是打出来的：	在实战中发展干部	培训要靠自我培训	- 自我负责、自我提高、急用先行、学以致用 - 学习公司文件，领会公司管理精髓 - 每个人都要学会总结、写案例，相互培训，共同提升
		优秀干部要流动	- 干部要横向流动，积累群流程经验，防止烟囱式干部和干部的板结 - 没有周边工作经验的人不能当主管 - 没有海外一线工作经验的人不能任命到18级正职及以上
		全公司一盘棋建设干部梯队	- 人力资源顾问、各级组织管理团队、人力资源部、华为大学、公司党委承担各自的责任 - 跨级、跨部门进行推荐和规划 - 让优秀的干部苗子看得见、出得来 - 充分运用工具干部继任计划/经理人反馈项目/年度任命决议

图 5-10　"将军是打出来的"

5.4.1　华为干部的成长轨迹

华为坚持定期对员工能力进行评估，实行任职资格管理，即推行专业线和管理线的双通道任职能力体系，具体如图 5-11 所示。

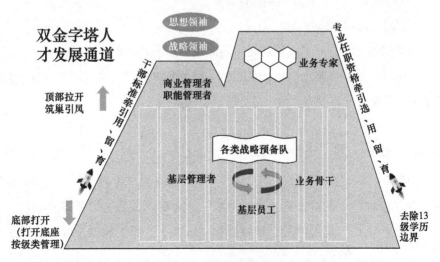

图 5-11　华为干部的成长轨迹

1. 从基层员工成长为业务专家

对于精通业务的基层员工，华为会给予更多的专业方面的工作，如产品研发、技术难题攻关、重大项目维护等。在赋予这些重任的同时，还会对这些基层员工进行专门的培训，使之成为业务骨干。当这些业务骨干进一步成长为技术高端人才之后，还会对其进行全方位的培养，最终将这些人才培养为能够独当一面的业务专家。

2. 从基层员工成长为商业管理者

对于有志进入管理岗位的基层人才，华为会为其提供对相应部门、相应团队进行管理的机会，在相关的人才比较顺利地完成了公司交代的任务之后，公司会赋予这些人才一定职级的管理权力，并进行专业化的培养，待其从基层管理者成长为高端管理人才之后，还会通过海外深造等手段对其进行更高层次的培养，最终将其培养为领导不同员工队伍的商业管理者。

3. 从基层员工成长为职能管理者

对于那些技术能力和管理能力均能做到兼顾的人才，华为会从技术和管理两个方面对其进行综合化的培养和历练。当这些"全才"完成了各项培训，并顺利地通过公司的相关考核之后，会按照公司的既定战略和实际需要将其安排到相应的领导岗位，使其成为职能管理者。

4. 战略领袖和思想领袖

当公司的人才完成了从基层员工到高级干部的"蜕变"之后，华为会为这些管理干部搭建进一步上升的职业通道，那便是成为"领袖"。"领袖"主要分成两个层面，一是战略领袖，二是思想领袖。

5.4.2 "秀才"到"将军"四步曲

华为坚持在实践中选拔干部，从"秀才"成长为"士兵"，再从"士兵"成长为"士官"，直到最终变为"将军"，需要经过系统的训练和实践，主要包括严格选拔、系统培训、导师制和"压担子"四大核心步骤，如图 5-12 所示。

1. 严格选拔

华为实践表明，其对人才的严格选拔是人才干部管理的关键环节之一，通过对流程责任制度的贯彻，华为的人才管理体系不仅能够源源不断地获得新鲜血液，而且还在公司内部保证了干部队伍的高素质。华为建立了人才干部选拔的标准和流程，确保干部选拔机制科学有效。

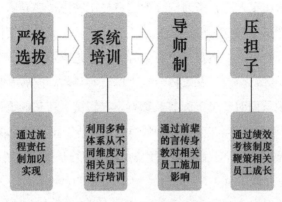

图 5-12 华为员工从"秀才"成长为"将军"的核心四步

2. 系统培训

在任正非看来，刚刚离开大学的年轻人在参加工作的过程中将不可避免地会遇到理论知识和工作需要相背离的矛盾。即便是有一定经验的熟手，也会因工作内容和环境的变化而感到难以适应。有效解决这些矛盾的方法，就是上岗前的培训。华为正是因为有了全面而又有针对性的岗前培训，才造就了一大批"召之即来，来之能战"的员工队伍。

在对员工的培养方面，华为建立了包括新人培养体系、管理干部培养体系、技术干部培养体系、营销干部培养体系、特殊项目培养体系、生产管理培训体系等六大子体系。华为的培训体系拥有优秀的教师队伍、高水平的技术、先进的教学设备和完善的环境。其中，华为的培训讲师数量有一千余名，设立在深圳总部的培训中心占地面积更是超过了 13 万平方米，并配置了阶梯教室、多媒体教室等各类教室 110 余间，可以同时容纳 2 000 人进行培训。

华为对岗前培训的重视，不仅体现在硬件方面的高水平投入，其在软件方面的投入也十分全面。华为对于员工的主要培训形式可分为课堂传授、案例传授、上机操练、工程维护实习以及在线讲授等多种方式；同时，华为还十分注重在教育过程中辅以多媒体、视频和音频等传播手段，并积极开展基于互联网和移动互联网的远程教学，使接受培训的学员无论何时、何地都能进行系统化、个性化的学习。

3.导师制

每当一名新员工入职，华为都会为这名员工安排一名导师，而导师的职责就是辅助这名新员工快速地融入公司的工作氛围。从具体的工作内容来看，导师要从两个方面对新入职的员工进行辅导，一个是思想，另一个是技能，前者的表现主要是导师对新员工在工作方式上的言传身教，而后者则主要表现在导师在文化价值观层面对新员工的有益影响。在新员工转正的重要节点——答辩会议上，相关的导师也要亲自列席，导师对新员工能否顺利转正承担关键的责任。同样华为在新晋升干部管理上依然采用导师制，不管是员工还是干部都有导师，真正做到人人有导师。

导师制度确保了华为的每一名新进员工或新晋升的干部都能接受到公司的培养，继而以最快的速度全身心地融入公司的文化氛围中，最终顺利实现自我认知和角色定位的转变。导师制自正式施行以来，已经在华为的人才干部发展工作中发挥了重要的作用。

4.压担子（绩效考核）

华为坚持结果导向选拔和淘汰干部。无论是已经走上领导岗位的干部，还是尚处在培养阶段的普通员工，都必须接受组织定期的业绩考核和评价，这在华为内部被称为"压担子"。从"秀才"到"士兵"，从"士兵"到"士官"，再到"将军"，都必须遵循华为的业绩考核要求，只有业绩优秀者才可能晋升为"将军"。

5.4.3　干部能上能下

正如任正非所说："如果我们顾全每位功臣的历史，我们就会葬送公司的前程。我们不能迁就任何干部，因为客户不迁就我们。"华为从1996年开启市场部集体大辞职至今已经20年，坚持结果导向选拔干部，坚持干部能上能下。具体表现在以下几个方面，如图5-13所示。

1.干部不是终身制

你可以终生在华为工作，但不代表你可以终生在华为做干部，干部不是终身制。这便是华为在实施能上能下的干部任免机制的过程中，向所有华为员工传达的第一理念。一方面有利于清理公司管理的"夹心阶层"。所谓的"夹心阶层"是指那些既没有实际工作经验，又不能深刻地领会华为的企业文化，还想要成为较高级别管理者的人员。另一方面有利于消灭落后层。落后层，顾名思义，就是思想和行动均无法达到企业员工平均水平的干部群体。与对待"夹心阶层"的做法不同，华为对于落后层的处理向来不留任何余地。"坚决消灭"就是华为对于落后层人员的唯一措施。只有坚持将那些"能不配位"的干部淘汰，才能保证干部队伍的活力，确保企业的人才管理进入良性循环。

干部不是终身制
- 消灭"夹心阶层"
- 清除沉淀层、落后层、不负责任的人

大浪淘沙，公司不迁就任何人
- 在业务实践中，把确有作为放在岗位上
- 不称职者淘汰，不管职位有多高

将末位淘汰融入日常绩效工作体系
- 干部末位淘汰率10%
- 未完成年度任务的部门或团队，末位淘汰比例可适当提高

烧不死的鸟是凤凰
- 被降职的干部要调整心态，在新岗位上振作起来
- 易岗易薪是对干部的考验
- 经过考核后达到标准的干部，继续任用

图 5-13 干部能上能下

2.大浪淘沙，公司不迁就任何人

选拔和淘汰是华为干部管理的特色。不管干部的职位有多高，所有干部都要接受组织定期的筛选和检验——谓之"大浪淘沙"。尸位素餐只会让自己僵化，反复打磨才能愈加强大。在面对激烈的外部竞争环境，华为想要一支保持高度战斗力的干部队伍，就必须实行优胜劣汰的竞争机制，进行干部大浪淘沙。

3.将末位淘汰融入日常绩效工作体系

华为将末位淘汰制融入了干部日常绩效考核的工作体系之中，干部队伍进行末位淘汰。对于两年完不成公司要求业绩的部门或团队，不仅一把手要降职，其下属干部也要调岗。一般来说，每个部门或团队的淘汰率要达到 5% ~ 10%，对于组织涣散、业绩停滞的部门或团队还应适当提高淘汰率。扩大"末位淘汰制"的考核范围，这看似有些不近情理，但却是一种能产生实际效果的做法。它一方面让整个公司都有了危机感，从而促进了各个岗位员工的工作积极性，另一方面则可以有效减少"磨洋工""混日子"等无用成本的支出，从降低损耗的角度保证了公司整体效益的提升。

4. 烧不死的鸟是凤凰

对于华为的干部来说，岗位的变动就好比是"凤凰涅槃"。既然是涅槃，就必须要有"向死而生"的精神。华为要求被降职的干部调整心态，在新岗位上振作起来。经过考核后达到标准的干部，华为会继续任用。

在实施"能上能下"制度，特别是"能下"制度的过程中，在相关干部中难免会出现一些牢骚满腹，甚至是消极抵触的情绪。毫无疑问，这些情绪是负面的，不仅会影响到"能上能下"干部任免制度自身的顺利实施，还会影响到企业正常业务的开展。

企业在坚决落实"能上能下"干部制度的同时，需要注意对相关干部的心理引导。一方面，有关干部在遭到降职之后，其上级应第一时间和其谈心，倾听对方的意见，给予适当的安慰。另一方面，企业还得在公司内部营造出"烧不死的鸟是凤凰"的舆论氛围，树立"易岗易薪是对干部的考验"的观念，从大环境上保证被调岗人员的工作积极性。

5.4.4 轮岗：能左能右

顾名思义，轮岗就是不同的员工轮流担任同一个岗位的职务。华为的轮岗制度其实借鉴了美军的管理做法，就是美军内部所说的"Move"。对于华为来讲，上至 CEO，下至基层管理干部，所有的管理干部都要进行定期的轮岗。CEO 每半年轮一次，而其他管理干部 3 年一个周期进行轮岗。这种全方位、多角度的轮岗管理体系也被外界视为华为"能左能右"的干部管理妙诀。

华为干部通过轮岗管理结合干部能上能下，全面盘活公司的干部管理体系。其主要作用体现在以下几个方面。第一，可以全方位地培养人才，有利于优秀管理经验的传播和沉淀，减少干部本位主义，提升干部的视野和大局观。第二，通过轮岗可以削掉"山头主义"，减少腐败，正如华为提到的防止干部"板结"。第三，通过轮岗可以不断地暴露出问题，解决问题，即形成"揭盖子，捂盖子"的文化，从而可以整体提升企业竞争力。第四，通过轮岗可以大幅减少和弱化利益冲突，降低变革的阻力。第五，通过轮岗可以形成干部队伍技能的多元化和立体化。

5.4.5　干部选拔"三优先"原则

干部选拔"三优先"原则如图 5-14 所示。

宰相必起于州部　猛将必发于卒伍	优先从成功团队中选拔干部	- 出成绩的地方，也要出人才 - 要培养起一大群敢于抢滩登陆的勇士
	优先从主攻战场、一线和艰苦地区选拔干部	- 大仗、恶仗、苦仗出干部 - 选拔干部第一选的是干劲 - 以全球化的视野选拔干部
	优先从影响公司长远发展的关键事件中考察和选拔干部	- 公司核心员工必须在关键事件中表现出鲜明立场 - 选拔那些有职业责任感的人作为业务骨干

图 5-14　干部选拔"三优先"原则

1. 优先从成功团队中选拔干部

华为一直奉行着"出成绩的地方，也要出人才"的理念。每当一个项目取得了巨大的成功，华为的人力资源部门会第一时间在相关团队的内部进行考察，找出那些在项目推进的过程中发挥了巨大的或是关键性作用的员工或干部，给予物质奖励和职位提拔。用任正非的话说，就是要"从取得胜利的队伍中培养起一大群敢于抢滩登陆的勇士"。

2. 优先从主攻战场、一线和艰苦地区选拔干部

华为坚持在"上甘岭"上培养和选拔干部。在一线艰苦地区、战争地区或动乱地区工作的员工，在同等条件下，优先给予晋升机会。同时，华为在一线的管理体系中，会有意识地设立一些明确责任的副职职位，以此作

为培养干部的重要窗口。任正非一直倡导"以全球化的视野选拔干部"，海外作为华为拓展业务的"主攻战场"，自然也是华为选拔干部的重要来源。

2016 年，李真被调往华为南太平洋地区的项目财务重装旅，专门负责查找并协助当地部门解决当地项目中的财务问题。到达当地不到一个星期的时间，李真就在马来西亚和菲律宾两个地区完成了一系列财务问题"清剿"任务。

彼时马来西亚和菲律宾两个代表处的财务问题相当突出，积压货品和超过一年的开票收入差别两项指标都位居华为南太平洋地区首位，而这两个代表处的存货效率更是位列华为全世界市场的末位。作为一名"救火"的士兵，李真感到压力巨大。

现实远比想象的还要残酷，在做好了心理准备的情况下，李真还是遇到了令她痛苦至极的问题：当地项目组给她讲解问题，而她竟因庞杂陌生的专业术语而无法领会对方意思。这让李真在一开始就犯了难。

然而，作为李真并没有因此气馁，在此后一段时间里，她每天拉着当地项目组的成员坐在一块办公，白天找项目经理了解产品交付的情况，晚上就和本部门的成员一同梳理问题并研究财务改善对策。那段时间李真基本上每晚十一点之后才会离开办公室，半夜即将入睡时，她脑子里还是充满了各类数据和逻辑，几乎无法入睡，有好几次她甚至一直睁眼到天明。以至于每次代表处的首席财务官看到她那如烟熏过的黑眼圈，总会忍不住安慰她"不要压力太大"。

经过艰苦卓绝的努力，马来西亚和菲律宾两个代表处的财务状况终于有了可喜的转变：内控指标从逐渐恶化转向了逐渐好转，存货周转率同比下降了近百天，超长期存货率同比降低了 1 200 多万美元，顺利实现了既定挑战目标；而将 43 个冗余项目关闭更让李真和她的团队超额完成了目标；同时，多次被总部通报的超一年开票收入差过大的问题也在李真和她团队的努力下全部解决了。

正因为李真在华为南太平洋市场的优异表现，她在项目结束后直接升任了南太平洋地区部的财务主管。

3.优先从影响公司长远发展的关键事件中考察和选拔干部

关键事件是华为评价干部品德的重要内容。主要表现在：华为的人力资源部及干部管理部门会在关键事件、突发事件中，有意识地对相关员工的言行进行考察，重点分析其能否在重大抉择面前保持对公司的忠诚、能否坚守职业操守、能否为了公司的长远利益牺牲个人的短期利益。在关键事件中表现好的干部将会得到优先提拔和晋升。

5.4.6 干部选拔的关键行为标准

华为在干部选拔方面一贯遵循大浪淘沙的干部管理理念，坚持以品德为底线、以业绩作为"分水岭"、以领导力作为重要的评判依据。任正非的"要敢于选拔优秀人才走向管理职位，不要小肚鸡肠"的选人精神一直是很多企业争相学习的理念。实践证明面对激烈的竞争和纷繁复杂的环境，选对合适的干部远远要比单纯的改变某项企业制度更重要。

1.以品德为底线

品德与作风是相关人员担任干部岗位的资格底线。对于华为来说，干部的思想品质直接决定了其能否得到晋升的资格。干部选拔的首要标准就是品德，干部要高度认同华为的核心价值观。

2.以绩效作为"分水岭"

华为坚持结果责任导向的干部选拔机制。绩效是评价一个干部能力和水平的重要标准。任何干部都必须对其负责的业务领域经营结果承担责任，正如华为提出"茶壶里的饺子"我们是不承认的，只有把"茶壶的饺子"倒出来才能得到公司的认可。

3.以领导力作为重要的评判依据

领导力素质是干部带领团队持续取得高绩效的关键保证，干部和一线员工最大的区别，并不是业务能力上的强弱，而是干部的领导能力，干部能充分调动他人为实现组织的目标进行奋斗并达成组织目标。对干部进行选拔的最后阶段，华为会从干部的组织能力、调配能力、人际关系处理能力进行重点考核，以保证相关人员在走上领导岗位之后能维持住上级、平级、下级员工对其的信任和配合，如图5-15所示。

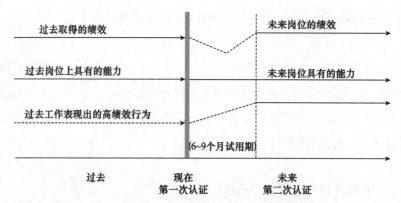

(6~9个月试用期)

以成功经验为基础，根据对成功的实践的总结，来看成功实践的延长线，进行第二次认证；在实践中，干部的知识转化为能力。

图 5-15　华为干部选拔的最高标准是实践

5.4.7　华为干部管理框架

经过近 30 年的干部管理实践，华为逐步形成具有华为特色的干部管理框架，就是"选—用—育—留—管"，如图 5-16 所示。

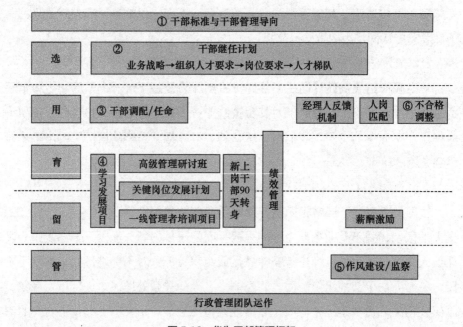

图 5-16　华为干部管理框架

1. 选

当华为的某个管理岗位出现空缺时，公司的干部管理部门便会启动"干部继任计划"。在这一阶段，相关人员会顺着"业务战略""组织人才要求"和"岗位要求"的顺序依次确立任用干部的要求细则，最后再从"人才梯队"中进行具体的选择。

2. 用

在确定干部人选之后，相关人员会通过调配或是直接任命的方式将干部安排到新岗位上，并安排相应导师辅导并进行试用期的考核管理。同时，对任职一段时间的干部，公司将启动"经理人反馈机制"，确保在任干部保持管理相对高水平运行。

3. 育

当干部顺利通过试用期考核之后，华为方面就会有意识地对这些干部进行培养，培养的内容包括高级管理研讨班和一线管理者培训项目等。

4. 留

当干部转正后，公司会按照干部的考核要求对这些新进干部进行绩效管理，在履职期间，公司会根据人岗匹配的情况进行适当的薪酬调整。

5. 管

对于能够胜任新岗位，并已步入工作正轨的干部来说，华为对他们的管理会进入常态化。这一时期，公司除了会对这些干部进行绩效考核外，还会对其工作作风进行监察。

5.5　华为干部领导力

5.5.1　干部领导力："九条"

在对干部战略领导力的建设方面，华为从组织、个人和客户3个角度入手，确立了对干部自身9个方面的培养。

1. 关注客户

以客户为中心是华为的核心价值观之一。关注客户需求并实现客户需求是华为干部的核心职责。干部应通过科学合理的管理工具和方法,保持高度的市场洞察力来关注客户需求,从而实现组织目标。

2. 建立伙伴关系

对于已经和公司产生交易行为的客户,相关干部应当及时、全面地做好跟进工作,促进买卖双方良好关系的发展,最终在企业和客户之间建立起稳定、持续的伙伴关系,为进一步发掘客户价值奠定基础。

3. 团队领导力

华为的干部应当具备像"头狼"一样的团队领导力。这种领导力,一方面要体现在常态化运营的过程中,干部能够带领团队将公司的意志落实到位;另一方面,也体现在当部门或团队遭遇困境时,干部能够稳定团队人心,并找出有效的应对之策。

4. 塑造组织能力

国际化的市场带来的是多样化的挑战,面对各种纷繁复杂的运营环境,千篇一律式的组织形式显然不足以应对。作为各部门的带头人,广大领导干部应当具备塑造组织的能力,一方面,组织的行事风格要符合特定市场的实际需求,另一方面,组织的内部关系也要适应当地的风土人情。

5. 跨部门合作

对于各个部门的干部来说,在日常工作中应当站在较高的位置审视自己的工作,个人英雄主义在社会大协作的背景下注定是行不通的,所以,华为的干部必须要具备跨部门合作的意识和能力。

6. 成就导向

理想的工作成果是华为对各部门、各团队进行绩效考核时的重要依据,所以华为的干部应当具备成就导向的能力。在达成目标的过程中,华为的干部一方面要牢牢把握工作的方向,防止员工做无用功,另一方面也应积极开动脑筋,寻求各种高效完成目标的方法。

7. 组织承诺

对于上级,华为的干部应具备良好的组织承诺能力。一方面,相关干部应当实事求是地对本部门的能力进行评估,让本部门对上级的承诺能够具备较高的实现可能。另一方面,华为的干部还应当充分认识本部门的工作潜力,在对上级进行工作承诺时，能"芝麻开花节节高"，让上级充分认识到自己的进取心。

8.战略性思维

华为的干部应当具备战略性思维。一方面，在日常经营中，华为的干部应当着眼于公司发展的长远打算，多做一些"未雨绸缪"的前瞻性工作。另一方面，在公司的长远利益和本部门的短期利益发生冲突时，华为的干部应当具有"舍小家为大家"的心胸。

9.理解他人

华为干部一方面要对上级的指示负责，另一方面也要对下级的成长负责。在上传下达的过程中，干部难免会遇到一些偏激的言论或过分的行为，而此时需要相关干部做的，并不是一味地指责或处罚别人而是理解他人。一方面，干部要做好倾听，另一方面，干部还应做好宣传和解释。

5.5.2 干部 "四力" 十二要素

干部"四力"是持续取得高绩效的关键行为。干部"四力"十二要素是华为评价领导力的重要内容，具体如图 5-17 所示。

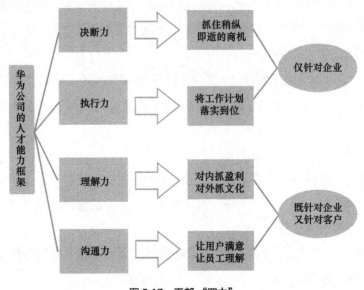

图 5-17 干部 "四力"

华为的领导能力框架如图 5-18 所示。

通过建立干部能力和经验词典	将经验转化为能力和经验词典	业务经验	•特定业务经验 •跨区域经验 •基层经验 •培育客户关系	•高级干部要有决断力和人际连接力 •中层干部要有理解力 •基层干部要有执行力
		管理经验	•人员管理 •担当盈亏 •项目经营	
		特殊经验	•开创性经验 •业务变革 •扭转劣势	
		区域经验	•特定区域经验 •海外经验	

图 5-18 华为的领导能力框架

1. 决断力

根据现实状况和公司要求, 对本团队、本部门的工作做出决断是一名华为干部必须具备的领导力, 而对事务的决断能力主要表现在以下两个方面。

(1) 作为企业的领导干部, 首先要具备善于决断的能力, 否则便和普通员工没有什么两样。华为要求自己的干部在开展工作的过程中善于抓住主要问题的主要方面, 拥有战略思维。

(2) 华为还要求干部要有担当意识, 在需要拍板的关键时刻能够果断地做出决策, 防止错过商机。在自己的项目或团队出现问题时, 能够主动承担责任。

2. 执行力

华为的干部特别是中基层干部一方面承担着对下属的管理责任, 另一方面也承担着对上级指示的执行责任。为了能够完成上级的指示, 华为干部要具有以下 4 个方面的执行力。

(1) 华为的干部要具有对资源的调配能力, 能在资金、时间等资源有限的情况下, 出色地完成任务。

（2）华为的干部要有组织能力，包括在日常工作中巩固、激励以及发展团队的能力，以及在面对具体项目时改进团队工作作风、工作方法的能力。

（3）作为一个部门的领导，华为的干部还必须具备跨部门沟通、协调以及合作的能力。

（4）在组织自身的建设方面，华为的干部应当做到持续地进行组织运作、不断加强组织建设并改进工作作风、工作方式。

3. 理解力

对于已经成为干部的华为人来说，对于工作的理解显然不可能再依靠他人的指点来完成。同时，自己也担负着向部门员工进行培训和指导的职责，这就要求这些干部必须具备强大的理解能力。

（1）华为的干部要具备从业务中找到利润点的能力，这便是人们常说的商业敏感性。

（2）华为要求自己的干部具有横向思维，也就是说要对自己和本部门所处的企业环境有清醒的认识。

（3）华为的干部还得对自己所处的文化环境进行全面、深刻、理性的把握，特别是对于那些身处海外的干部，华为更是要求他们在理解当地文化的同时，积极地让企业融入当地的文化中。

4. 沟通力

作为管理干部，出色的沟通能力是干部的基本素质之一，华为干部的沟通能力主要体现在以下3个方面。

（1）在对外交涉的过程中，华为的干部要秉承开放性，让客户对公司的服务感到满意，并和客户建立彼此信任的关系。

（2）在沟通中，相关干部应当具有站在客户的角度进行思考的能力，能以客户需求为导向，并最终和客户建立牢固而又亲密的合作伙伴关系，这是一名干部沟通能力强大的重要表现。

（3）在部门内部的交流过程中，华为也要求的自己的干部灵活地掌握灰度和妥协的尺度，既让员工的自主性得到尊重，又不让员工突破企业原则的底线。

5.5.3　提升干部领导力的具体做法

现实的商业竞争要求领导力从内在定义转向外在定义。对于华为来说，对一名干部的选拔和任用，也仅仅是对其既有领导力的认可和对其领导力进行进一步培养的契机。干部必须持续提交结果责任才能证明自己的领导能力。实践证明，华为在领导力方面主要有两类具体做法，如图5-19所示。

现实的商业竞争要求领导力从内在定义转向外在定义	领导者个人	・激励：描绘愿景和目标，激发内部动机 ・尊重：把愿意奋斗的员工当作最重要的资产，尊重个体差异，善于发现下属的优点 ・倾听和沟通：以身作则，帮助下属	唯有结果才能定义领导的成功
	领导者所在团队	・团结：工作自发自动，自觉与组织目标保持一致 ・紧张：强烈的使命感，目标导向，自我设定有挑战性目标 ・严肃：自觉遵守团队规范和维护团队荣誉感，自我领导 ・活泼：营造相互尊重、彼此信任、开放豁达与积极向上的组织氛围	

图 5-19　提升干部领导力的具体做法

1.领导者个人

正人先正己。对于华为的干部来说，想要提升自身的领导力，首先要从本人做起。

（1）激励。华为的干部要善于向自己描绘愿景和目标，以便激发自身的内部动机。

（2）尊重。华为的干部应当把愿意奋斗的员工当作本部门最重要的资产，正视并尊重个体差异，同时还要善于发现下属的优点，给予员工及时的鼓励。

（3）倾听和沟通。干部作为部门领导，应当以身作则，在本部门中积极做出具有前瞻性的工作，同时也要热心帮助下属，关心下属，倾听下属的心声。

2.领导者所在团队

众人拾柴火焰高。领导者领导力的作用集中体现在其对团队的号召力和指挥能力上，为了让本团队能发挥出较高的效能，领导者应在自身所在团队中做以下4个方面的工作。

（1）团结。在意识上，华为的干部应当自觉地与组织目标保持一致。在工作中，华为的干部则应做好自发、自动地执行。

（2）紧张。在带领团队开展工作的过程中，华为的干部应当肩负强烈的使命感，并以目标作为导向，给自己设定出具有挑战性的目标。

（3）严肃。在对本部门、本团队的工作进行监督的过程中，华为的干部应当自觉地遵守团队规范，并维护团队荣誉感，做到自我领导。

（4）活泼。在工作和生活中，华为的干部应当营造出相互尊重、彼此信任、开放豁达与积极向上的组织氛围，减少员工紧张感，增加员工归属感。

5.6　干部的监察机制

5.6.1　干部监察

华为对干部监察的基本态度如图 5-20 所示。

华为的基本态度对干部监察	干部日常行为监管范围	•道德遵从：弄虚作假、拉帮结派、以权谋私、捂盖子等 •工作作风：牢骚满腹、简单粗暴、一哭二凶三骂人 •经济违规：贪污腐败、私费公报等 •其他违规：打架、赌博、炒股、信息安全等
	弹劾否决原则：惩前毖后，治病救人	•要否决不合格干部，起到威慑作用 •弹劾否决不是目的，重在教育和帮助干部 •不能"一俊遮百丑"，也不能"一丑遮百俊"

图 5-20　华为对干部监察的基本态度

5.6.2　干部监察机制：自我约束和制度约束两手抓

华为的干部监察机制如图 5-21 所示。

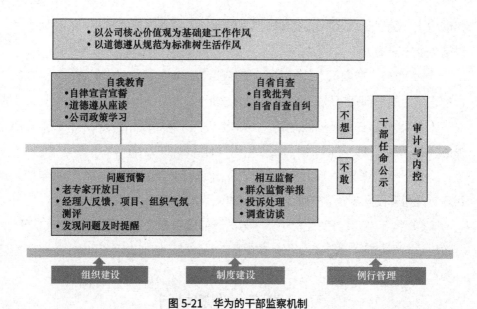

图5-21　华为的干部监察机制

5.7　经验总结

1. 擒贼先擒王，管理干部是人才价值链管理的核心

干部是人才管理的龙头，抓好干部就等于抓好了人才队伍。华为通过建立干部的选拔和淘汰机制，坚持推行干部"能上能下"（末尾淘汰）和"能左能右"（轮岗），持续宣传"高层具有使命感，中层具有危机感，基层具有饥饿感"等干部管理核心理念，始终保持管理干部队伍的高水平和组织活力，从而持续不断提升员工队伍的竞争力。

2. 坚持在实践中用结果来选拔干部

华为干部的使命和责任主要从文化价值观的传承、抓住商业机会、成就组织结果、坚持灰度管理、搭建业务管理平台再到提升组织能力建设等方面来进行要求，但核心是聚焦商业成功。一个管理者存在的价值和权威是通过商业成果来证明的。正如任正非所讲："装在茶壶里的饺子"是不被承认的，因为唯有商业结果才具有交换价值，实践和结果是华为干部选拔的最高标准。

3. 建立科学的干部管理体系

华为公司在实践中逐步形成了一套具有中国特色的干部管理体系，即选—用—育—留—管，从干部九条到"四力"十二要素，从干部任命三权分离到战略预备队的建立，从干部任职资格认证到高潜力人才盘点，从干部监察机制到离任审计等。华为用 30 年的时间基本建立起了全方位的干部管理体系，确保干部队伍能够打仗，善于打仗和能打胜仗。

第 6 章

> 人才激励平台：
利出一孔

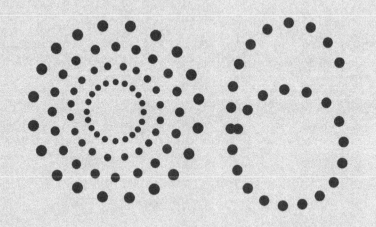

华为经过近 30 年的人力资源管理实践，逐步探索出人力资源管理的三大核心要点，即以客户为中心的价值创造体系、以结果导向的价值评价体系和以奋斗者为本的价值分配体系。华为在激励管理方面的政策主要围绕结果导向，提升业绩效果，激活组织和员工，人才激励平台利出一孔。激励管理需要全面的结构性设计，体现在强调全面回报；控制刚性，增加弹性；打破平衡，拉开差距。同时，华为还大胆地采用虚拟受限股权激励机制和 TUP 激励机制，将"导向冲锋"理念也融入激励体系之中，最终形成了一个精神激励和物质激励相辅相成、相互促进的激励机制。正是在这种"道术结合"的激励机制下，华为才得以在白热化的市场竞争中焕发出了强大的生命力，成功实现了"力出一孔，利出一孔"。

6.1 人才激励的基本原理

向来遵从"道术结合"思想的华为在人才激励方面依然十分注重对理论和实践的综合把握。在现实生活中，人们往往会津津乐道于华为的高薪酬和股权激励等现实做法，却往往忽视了华为建立人才激励的基本原理。实际上，华为呈现给外界的所有激励手段，都源自其对世界先进激励理论的深刻理解。顺藤摸瓜，我们就可以发现华为在人才激励方面的四大思想源泉。

6.1.1　马斯洛需求层次理论

马斯洛需求层次理论是行为科学领域的经典理论之一，它由美国心理学家亚伯拉罕·马斯洛于 20 世纪 40 年代在《人类激励理论》一文中最先提出。按照马斯洛需求层次理论的观点，人类需求的分布情况宛如一个阶梯，所有的需求都可以按照从初级到高级的层次被划分为五大类型，这五大种需求类型分别为生理的需求、安全的需求、社交的需求、被尊重的需求以及自我实现的需求，如图 6-1 所示。

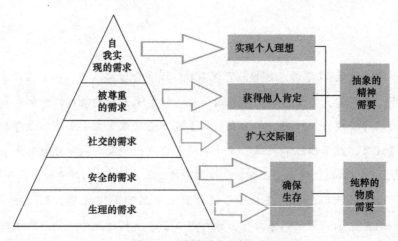

图 6-1　马斯洛需求层次理论

从马斯洛需求层次理论的模型可以看到，人对于外界的需求并非同时出现，而是在满足了某一种需求之后，才会进一步产生下一种需求。为了保证生存，人会优先考虑用各种手段获得食物。当满足了温饱的需求之后，人才会为更加高级的、社会性更强烈的需求而努力。

张建是华为坂田工厂的一名技术工程师，在华为工厂的车间中已经工作了10 年的他怎么也没有想到自己在 2016 年 5 月会接到公司派他去日本挂职锻炼的命令。起初他还认为作为一名技术工程师，只需做好图纸上的事情即可，公司派他去日本公干完全是浪费时间。但经过短短 4 个月的海外历练，张建已经改变了自己的想法：一流的生产工作绝不是守好自己的"一亩三分地"那么简单。事实上，产品的生产既要符合理论上对于各项参数和标准的有形规定，同时也要符合消费者在各种环境、各种场合下的高品质使用要求。同时，对于质量的追求也不能抱着"得过且过"的心态，而应尽可能地做到最好，因为你面对的不仅是客户，还有时刻准备击败你的对手。

如今的张建，仍旧在华为手机的生产车间忙碌，但他的工作已不再限于一般性的技术维护和改进，而是不断地进行技术革新，用他自己的话说就是"在日本工作的经历给了我职业生涯第二次生命"。从张建的个人经历和思想转变中，我们可以发现，一个人的追求必然会随着客观环境的改变而持续提高，这种趋势不会因个人成见而停滞不前，更不会因本职工作的固定性就不再升级。

6.1.2 双因素理论

双因素激励理论又称为激励因素—保健因素理论，由美国行为科学家弗雷德里克·赫茨伯格（Fredrick Herzberg）最先提出。20世纪50年代末期，赫茨伯格与他的助手在美国匹兹堡地区对200位工程师、会计师开展了调查研究。该研究主要围绕着两个方面进行：在工作中，哪些事务会让他们感到满意，这种积极情绪能够维持多久；哪些事务会让他们感到无奈，这种消极情绪又能维持多久。赫茨伯格对相关人员的回答做出了归纳整理，并着手去研究哪些事务能使人们在工作中感到愉悦和满足，哪些事务会造成不悦和不满。最终他发现，令职工感到满意的事务都是来自工作本身，而令职工感到不悦的事务都来自工作环境或人事关系等方面。他将前者称为激励因素，并将后者称为保健因素。

6.1.3 公平理论

公平理论又名社会比较理论，它由美国心理学家约翰·斯塔希·亚当斯（John Stacey Adams）在20世纪60年代提出。该理论主要的研究对象为人的动机与外界感知。根据公平理论的观点，员工对自我激励程度的大小取决于其对自身和参照对象在报酬方面的主观比较。公平理论指出：员工工作积极性的强弱不仅和个人实际报酬的多寡相关，而且还和员工对报酬分配的公平性认识有更为密切的联系。

　　员工总会自觉或不自觉地把自己付出的劳动和所获得的报酬这两种情况和他人进行对比，并对分配结果的公平性做出判断。公平感会直接影响员工的工作力与行动。所以，就某种意义来说，工作动机的激发过程实际上就是人和人进行对比，继而做出公平与否的决断，最终就做出的判断来指导自己行为的过程。公平理论研究的主要对象是员工报酬分配的科学性、公平性以及这些特性对员工工作积极性的影响。

6.1.4　期望理论

　　期望理论是由美国知名心理学家和行为学家维克托·弗鲁姆于20世纪60年代于《工作与激励》一书中提出来的激励理论。期望理论又名"效价—手段—期望理论"，是管理心理学和行为科学相互融合的一种思想。该理论的表达公式为：

$$激动力量=期望值×效价$$

　　在这个公式中，激动力量为员工个人积极性、内部潜力被调动和激发的强度；期望值是员工对完成目标任务的把握；效价是企业实现该预期值所要付出的价值。根据期望理论的观点，员工工作积极性能被调动的程度相当于期望值与效价的乘积。也就是说，一名员工对完成目标的把握越高，预计能实现目标的概率越高，其被激发出的积极性就越强烈，在管理工作中，期望理论在调动员工的工作积极性方面具有一定的现实意义。

6.2　华为激励理念

　　常言道：重赏之下必有勇夫。一种良好的激励机制可以大大增强相关员工做事、创业的工作积极性，并激发其潜力。华为的激励紧密围绕以奋斗者为本的激励理念，诸如不让雷锋吃亏，不让焦裕禄穿破袜子，给火车头加满油，从分配制转向获取分享制等理念。基于这种理解，华为在设计员工激励体系方面，率先构建起了以奋斗者为本的"导向冲锋"的激励理念。

首先，强调全面回报。薪酬、福利、发展与认可都可以激励员工。除了重视"薪酬""福利"方面的建设，还要加强"发展""认可"等非物质激励。对不同阶层、不同类别的员工群体，其激励手段和力度各有不同，以使有限的激励资源产生最大的激励效果。

其次，控制刚性，增加弹性。短期激励是促进公司进攻性的，长期激励是保持公司稳定性的。它们总的导向是增加短期激励，将长期激励保持在适当水平，使干部、员工保持一定程度的饥饿感，处于激活状态，持续努力工作。

最后，打破平衡，拉开差距。敢于打破平衡，工资、奖金等薪酬激励要逐步向骨干员工倾斜，拉开差距。推行薪酬体系改革，就是希望逐步建立一个与国际接轨的薪酬体系，以吸引、容纳全球的"明白人"，来增强公司的管理和竞争力。

6.2.1 绝不让雷锋吃亏："导向冲锋"的激励理念

华为制定并实施激励机制的目的非常清晰，那就是以奋斗者为本，这不仅与华为的奋斗者文化一脉相通，同时也契合了华为立志成为世界顶尖企业的宏大构想。通过激励机制将员工引入到积极进取的事业道路，并在思想上打造员工队伍昂扬向上的精神面貌，这还只是外界对于华为确立"导向冲锋"式激励机制理念的浅表解读，如果从华为自身的角度来对"导向冲锋"的激励机制理念进行分析，还可以梳理出华为对于该理念更深层次的内在逻辑。

1. 打造创新型人才需要"导向冲锋"的激励机制理念

身为技术型企业的华为，基于客户需求的创新要虔诚，这既源自华为赢得市场竞争的直接动机，也源自华为骨子里的进取性的"狼性"基因。当一家公司逐步摆脱野蛮成长阶段以后，企业的人力资源管理系统需要逐渐规范化，应立即着手构建适合自己的人才激励理念。对于华为来说，那些"胸怀大志，一贫如洗"的人才正是自己需要引进并重点激励的对象，通过"导向冲锋"的激励机制的建立，促进人力资源管理体系的二次裂变，优秀人才能够脱颖而出，并防止人才队伍因缺乏有效的激励机制而逐渐僵化。华为建立"导向冲锋"的激励理念正是适合创新型人才的激励机制。

2. 克服运营难题需要"导向冲锋"的激励机制理念

华为在经营过程中会不可避免地遇到各式各样的难题，要想将这些层出不穷而又闻所未闻的难题彻底地解决掉，就必须以"导向冲锋"的激励机制来引导卓有成效的奋斗者开动脑筋、发挥集体智慧。华为在对某一个项目或某一个地区的业务进行研发或交付的过程中，会遇到来自战略层面、技术层面或者客户层面的难题，这些难题通过常规的思维和手段根本无法解决，但又有如横亘在探险者面前的天堑一般，想要继续前进就必须解决。这就是任正非所讲的"攻山头"。华为基于"导向冲锋"理念设计相应的激励机制，必将激励更多优秀人才聚焦困难，相关困难必将迎刃而解。

3. 保持公司的竞争力需要"导向冲锋"的激励机制理念

在开放化、多元化的市场中，企业要想生存和发展，从根本上说要靠自己的竞争力。竞争力来自实战，而非纸上谈兵。实战往往就意味着急、难、险、重的任务和苦、脏、乱、差的工作环境，这对于企业的员工来说，并不具有天生的吸引力。而"导向冲锋"的激励机制理念的妙用正是赋予原本没有任何吸引力的实战工作以客观的核心价值，这些价值不仅体现在薪水、奖金等物质层面上，同样也体现在荣誉、机遇等非物质层面。华为采用"导向冲锋"的激励机制后，必将激励一部分优秀人才在实践中脱颖而出，继而奋不顾身地投入到实战中去，从而使企业的竞争力也得到逐步提升。

6.2.2 给火车头加满油：拉开差距

杰克·韦尔奇讲过，一家企业最前面的 10% ～ 15% 的核心人才决定了组织的命运。常言道"火车跑得快，全靠车头带"。企业对于人才激励机制的管理，本身就以人才的工作表现为前提。站在华为这家科技型企业的角度来看，其在各条战线的扩张也确实需要一批敢为人先、实力超群的人才作为公司全体员工学习的榜样。因此，华为的激励管理，实际上并不是普及众人的福利，而是给予那些敢于奋斗、善于奋斗、能真正交付结果的人才重点激励，这就叫"给火车头加满油"。

自 2015 年起，华为的人力资源管理部门开始将"四大法宝"应用到人才的激励方面，而华为人事人员口中的"四大法宝"，正是具有鲜明象征意义的四件神器：桃子、绳子、鞭子和筛子。所谓的"桃子"就是华为给予员工的利益，桃子越甜越大，人们才越愿意吃，能为员工提供的利益越多，员工才会勇于表现。而伴随着人才的引进和任用，其自身的成长与企业相关业务的成败也越来越紧密，同时越来越高的用人成本也迫切需要企业用其他手段来代替单纯的利益激励。在此情况下，企业就需要通过精神奖励、成长机会和家庭关怀等手段来实现对人才的"全面绑定"，而这些绑定手段便是"绳子"。

在日常的工作中，人才的惰性、自私心和嫉妒心等负面心理会对企业的经营造成损害，这时便需要以严厉的惩罚措施进行约束，而相关的规章制度便是"鞭子"。最后，当员工上岗任职一段时间之后，他们可能会因个人或外界的因素出现两极分化，有人进步，就有人堕落。这时需要企业做的，便是通过各类考核手段对其进行"筛选"，而相关的考核标准，正是"筛子"。

先用利益的"桃子"吸引人才，再用机制的"绳子"捆绑人才，接着用惩罚措施的"鞭子"约束人才，最后用考核的"筛子"遴选人才。这样一套完整地流程走下来，人才基本上就能被华为的相关人员科学有效的手段"激励"出来。可以说，通过对"四大法宝"这个流程的贯彻，华为真正做到了对领先人才的"深入发掘"和对虚假"人才"的"清理门户"。

华为在人才管理方面"给火车头加满油"的另一个意义在于，通过适当拉开差距鞭策后进人员的成长。人都具有趋利避害的本能，当后进员工看到先进员工因为自身的努力而获得了额外的利益时，必然会在这种本能的驱使下积极追求上进。而无论是工作的愈加勤奋，还是素质的日渐提高，对于华为来说，都是其所乐见的结果。

1. 目标对象：能够持续奋斗贡献的员工

华为对于"导向冲锋"激励机制理念的实施人群并不是面向全体华为员工的，而是针对那些在各团队、各部门具有持续奋斗贡献的员工的。用任正非的话说就是：我只抓前头那批人，后面的我根本不管，要"给火车头加满油"。而判断一名员工"奋斗贡献"的评判标准有两点：一是该员工所表现出来的思想上的奋斗精神，二是该员工的在奋斗中交出的结果。华为之所以在这方面要"厚此薄彼"，主要原因正是"导向冲锋"理念中"导向"的内核：只要给予冲在前头的先进分子以充足的激励，其余的人自然就会前赴后继地跟进。

2.着力点：激发一线人才活力

其次，华为进行"导向冲锋"的着力点是激发一线员工的活力，因为一线的员工身处公司和客户、公司和市场、公司和竞争对手接触的最前沿。他们不但能接触到最贴近实际的信息，而且还能做出最符合实际的行动。这对于企业的生存和发展具有重大的意义。通过"导向冲锋"激励机制的设计，必将激活一线优秀员工的奋斗精神，提升组织的竞争能力。

6.2.3 激励制度变革：从分配制向获取分享制

当一些传统行业的公司还在通过年终奖、心智激励等方式来引导员工的工作激情时，华为已经通过虚拟饱和配股、TUP 激励机制等手段实现了企业和奋斗型员工的绑定。华为在从分配制向获取分享制转型的过程中对激励制度的认识，也值得广大企业进行深入地思考。

1.实施原理：获取分享制

华为正在实施的"获取分享制"的激励机制理念在实施原理上已经超越了传统的分配制思想。因为"获取分享制"的激励机制理念采用的是"多劳多得"的激励原理，团队成员要想获得激励报酬必须具有价值贡献。在"获取分享制"的激励机制下，相关员工可以根据自己的工作业绩从公司那里直接获得额外的奖励，而这种奖励会在工作的过程中第一时间发放，业绩越好，奖励也就越多。这种即时性、浮动性的激励和滞后性、固定化的分配制激励相比，显然前者对组织的激励作用大大超过分配的激励机制。

2.直接目的：提高员工工作效率

贯彻"获取分享制"的激励机制理念的直接目的就是提高员工的工作效率。一方面，在"获取分享制"的激励机制下，相关员工会为了得到可观的物质激励、晋升机会等奖励而奋力工作，这样就可以大大提升组织的工作效能。另一方面，正是由于"获取分享制"的激励机制的存在，相关员工会积极开动脑筋，琢磨新思路、研究新方法，最终对有关工作进行创造性的改进，而这种改进更能在"质"的层面提高工作效率。

6.3　华为人才激励的方式

无论是触手可及的物质奖励，还是催人奋进的精神奖励，在本质上都是华为激发广大员工工作积极性和潜力采用的一种手段。精神奖励可以直接激发员工的主观能动性，促使其创造出更多的价值，继而为接下来的物质奖励提供基础。物质奖励也能在满足相关员工实际需求的情况下，使其抛却思想顾虑，产生新的物质追求，继而在意识上形成拼搏的精神动力。思想可以转化为物质，物质可以强化精神的力量，二者相互促进。

6.3.1　物质激励

华为经过近 30 年对薪酬激励体系的不断优化和完善，目前员工的总报酬由基本工资、奖金、股票分红及部分福利津贴等构成。华为的薪酬基本平衡长期与短期激励、固定薪酬与变动薪酬、现金与非现金的激励体系，具体如图6-2所示。

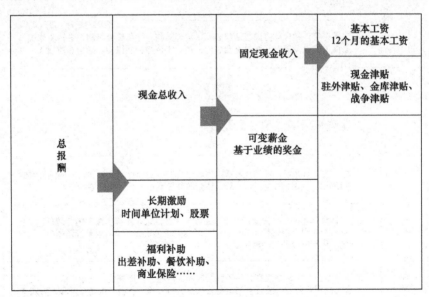

图 6-2　华为员工薪酬的组成

华为薪酬管理机制如图 6-3 所示。

华为薪酬包原则如图 6-4 所示。

薪酬项	作用	目的
长期激励——股票	• 奖励长期目标完成 • 解决企业所有权问题	• 牵引绩效持续提高 • 鼓励关注公司中长期目标和持续增长 • 留用高绩效和关键人才
短期激励——奖金	• 奖励年度目标达成 • 解决奖勤罚懒的问题	• 认可部门成绩 • 为个人绩效讨薪 • 激励业绩提升并及时认可
固定薪酬——工资	• 奖励职责履行 • 解决劳动报酬的问题	• 体现职位责任、贡献大小 • 遵循当地法律法规要求和业界实践
员工福利——补助	• 解决基本保障的问题	• 满足基本保障需求 • 遵循当地法律法规要求和业界实践

图 6-3　华为薪酬管理机制

华为薪酬包原则	薪酬总管理的核心内容是将薪酬费用与公司主要经营财务指标挂钩，形成对人力成本的弹性管控，实现业务单元自我约束、自我激励的管理机制
	薪酬总包、奖金包和工资性薪酬包同相应的经营财务指标挂钩，体现不同的激励导向；奖金包是薪酬总包的弹性因素，工资性薪酬包是薪酬总包的刚性因素
	薪酬包管理的优化方向是匹配公司的治理架构，优化奖金机制，进一步体现刚性工资性薪酬包及弹性奖金包的互锁，实现与利润挂钩，牵引有效增长

图 6-4　华为薪酬包原则

华为工资管理政策导向如图 6-5 所示。

华为工资管理政策导向	✓ 员工工资的确定，基于其所承担的职位责任、实际贡献大小和实现持续贡献的任职能力。员工的学历、工龄、社会职称等不作为其工资确定的要素
	✓ 工资管理遵循"以岗定级、以级定薪、人岗匹配、易岗易薪"的管理理念。要有利于吸引和激励优秀骨干员工；要避免员工工资不随其应负责任的变化而变化，从而导致公司高成本动作、竞争力下降
	✓ 各个职级工资水平应在公司经营情况和支付能力允许的前提下予以确定。工资管理既要规范化，又要有利于高绩效团队的形成、有利于市场竞争和人力成本两个要素的平衡
	✓ 要实现海外本地发薪，实现海外机构的个税案例，改善签证和当地融资环境

图 6-5　华为工资管理政策导向

华为奖金的生成及分配管理机制如图 6-6 所示。

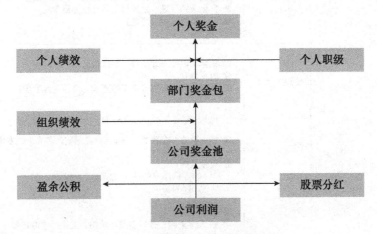

图 6-6　华为奖金的生成及分配管理机制

华为福利分配方式如图 6-7 所示。

华为福利分配方式	法定福利	1. 养老保险　2. 医疗保险 3. 工伤保险　4. 失业保险 5. 生育保险　6. 住房公积金
	补充福利	1. 定期体检　2. 节日礼品 3. 生协活动　4. 加班工资 5. 出差补贴　6. 补充商业险
	特色福利	1. 驻外补助　2. 战争补助 3. 艰苦补助　4. 家属慰问 5. 加班餐补　6. 补充旅游险 7. 离职补助　8. 内部退休制度

图 6-7　华为福利分配方式

6.3.2　非物质激励

从华为激励体系强调全面回报的角度来看，物质激励主要指华为给员工提供的工资、奖金、股票及福利等，而非物质激励主要指发展与认可等。经过多年的管理实践，华为基本形成一套非物质激励体系，非物质激励工作包括的内容与范围如图 6-8 所示。

非物质激励	正向激励	愿景与目标	■ 愿景牵引（帮助认识到工作的意义，真正激发人） ■ 目标激励（跳一跳够得着的目标能激发人） ■ 危机激励（居安思危）
		发展与成长	■ 机会（内部人才市场、基层曝光） ■ 职位晋升 ■ 授权（包括自主决定工作方式，承担更大责任） ■ 培训/辅导
		环境	■ 受誉激励（金牌奖、Fellow、总裁奖、名人堂、专家论坛、俱乐部等） ■ 领导风格 　✓ 倾听/沟通（经理人反馈项目、绩效管理） 　✓ 认可/表扬 　✓ 尊重/信任 ■ 组织氛围 　✓ 人文关怀：爱、归属、接纳、友谊、家庭日等 　　（如3+1活动） 　✓ 企业价值观和品牌（简洁高效不官僚） 　✓ 民主生活会 ■ 工作环境 　✓ 物理环境改善（净化、空气、食堂、设施等） 　✓ 制度和流程（弹性工作）
	负向激励		■ 警告、训诫、通报批评 ■ 降职降级

图 6-8　华为非物质激励的基本内容

同时，华为还形成独特的非物质激励形式，如内在动机激励，具体描述如下。

- 正确对待公平。

- 没有绝对的公平，在不适应的环境中学会生存，才能形成健全的人。

- 对贡献者要给予认可，其他人才会前赴后继地跟上。

- 高层要有使命感，中层要有危机感，基层要有饥饿感。

- 正确对待岗位调整。

- 磨难是财富，逆境中最能产生将军。

- 不要过分强调组织认同，人生更重要的是自我激励。

- 任何人都要为了自己的目标和理想奋斗，自己努力与否和企业认不认同没有直接的关系。

● 所有员工要认识一个基本的哲理：一个人在企业的成功与关注自己对企业的贡献成正比。

6.4 股权激励

华为经历近30年的长期激励探索，逐步形成长期激励管理政策导向。第一，绩效导向。新增配股要向高绩效者倾斜，以不断使长期利益分配在历史贡献者、当前贡献者和未来贡献者之间趋于均衡合理的分配格局。第二，饱和配股。饱和配股的主要目的是强化绩效结果导向，让员工关注公司长期利益并努力做贡献。股票分配根据绩效和职位贡献分配，要设定上限。第三，奖励配股。建立配股制度是对饱和配股制度的进一步优化，使公司经营成功的分配机制更加合理与均衡。无论是否达到饱和配股的饱和线的员工，均可以享受奖励配股，奖励配股不计入饱和配股的累计值。第四，TUP计划。TUP计划用于牵引员工绩效持续提升，鼓励员工关注长期目标，促进骨干员工留用。

华为长期激励体系建设经历了以下几个阶段，具体如图6-9所示。

图6-9 华为股权激励的发展历程

6.4.1 股权激励的八个确定

实践证明股权激励是一把"双刃剑"，股权激励本身远不是外人想象中的"把股票交给员工"这么简单，其在实行的每一个环节，都需要企业根据实际情况和自身需要做出科学缜密的制度设计。具体来说，要做好股权激励，企业首先应落实好"八个确定"，简称"八定"。

1.定平台

开展股权激励，首先要做到的是对平台的确定。一般来说，进行股权激励的平台载体有两种。一种是由自然人出资直接持股，这种方法的优点是个人收益更为直接，激励效果更加显性。缺点是持股情况较为分散，当股东对持股情况进行调整时，可能会对公司股价的稳定造成不良影响。另一种股权激励平台是第三方平台持股，其实现途径主要是委托信托公司持股或设立壳公司，采用第三方平台持股的好处是企业对股价的管控力更强，有利于股价稳定，其缺点是管理成本较高，且会妨碍到公司上市。华为通过工会代持员工股票，是一种比较特殊的持股管理平台，更类似于第三方平台持股。

2. 定模式

目前使用比较广泛的股权激励模式有一般股权激励模式、虚拟股权激励模式、账面增值模式、期股模式和虚拟分红权模式 5 种。相关企业应当根据自身的发展情况、公司实力以及在进行股权激励时的具体考虑来选取最适合自己的股权激励模式。在定模式方面，华为采用的是虚拟股权激励，这种有限的股权激励模式，一方面保证了员工能够获得足够的收益，另一方面也避免了公司因为人事变动等原因造成的股权分散，可以说是一种"两全其美"的模式。

3. 定来源

来源有两个。一是在股票来源，一般股票来源可以通过股东转让和增资扩股的手段来获取股权。所谓股东转让，就是企业原有的股东直接出让自己的一部分既有股权作为股权来源。而增值扩股则是企业要在超过三分之二的股东同意之后，通过增加公司注册资本而创造出的股权。二是购买股票资金来源。企业可以通过专门设立的奖励或赠予基金来为员工提供购买股票的资金，也可以让员工个人出资，用自己的工资或奖金来购买公司的股权。

在股票来源方面，华为采用的主要做法是股东转让加增资扩股（虚拟）。员工购买的虚拟股票来源于部分员工离职或退休（满足一定条件可以保留），其股份被公司赎回的股份，公司预留股份还有根据董事会股东大会增资扩股的股份。华为员工购买股票资金的来源主要是自筹资金。

4. 定对象

首先，相关企业应当明白激励并不是福利，而是企业对少数人的优待。而这些少数人毫无疑问应当是那些以战略实现目标为工作导向，对公司的发展做出战略突破和贡献的员工。这些人可以是核心技术骨干，也可以是某个新兴市场的开拓者。其次，企业在开展股权激励时，不能盲目地搞"一刀切"，而应根据不同的员工层次，确定不同的股权激励比例和范围。华为显然不会做普度众生的"散财童子"，而会做一个赏罚分明的"君王"。华为不是人人都有股票，只有业绩好、具有奋斗精神的干部才享有配股资格。华为的股权激励向奋斗者倾向，向高绩效员工倾斜，根据绩效和职位贡献确定分配对象。

5. 定额度

企业应当首先对公司的发展构想、股权资源和财务情况等内容进行客观的分析，然后根据分析出的结果，并结合对员工出资意愿的评估，来确定股权结构比例。同时，为了切实起到"激励少数人，唤醒多数人"的作用，防止在股权激励的过程中出现吃大锅饭、"搭便车"的现象，企业应当对不同的个体做出不同的数额的区分。华为会根据每一财年经营情况进行股票配股预算。由公司股东大会统一决策新增配股总份额及授予形式与数量。

6. 定价格

在对股票的价格进行确定的时候，企业应当特别注意在激励和约束之间找到平衡点。具体来说，上市公司可以通过议价法、拟价法、竞价法和定价法等手段确定股票的价格。而非上市公司则应对注册资本、市盈率和净资产等财务数据进行总体评估，最后通过科学的评估办法确定股权价格。华为股票价格定价是基于上一财年每股净资产来确定股票价格的。

7. 定分配机制

股权分配机制应该根据公司整体战略的完成情况和总体绩效对年分配总量进行微调。战略绩效完成情况良好，目标能够提前实现的部门和人员，企业应当对其进行提前奖励；对于那些战略绩效完成情况较差，未能实现的目标的部门和人员，企业应当减少或取消相关的股权激励配额，并暂停对相关部门和人员的股权激励计划安排。华为股权分配机制总额由公司的股东大会和董事会统一安排，而个人分配数量由绩效考核和职级贡献确定。

8. 定退出机制

在确定员工股权退出机制的过程中，企业应当首先遵循以下4条基本原则。

首先，在员工退股时，个人出资购买的股票和公司赠送或奖励的股票应当做到区别对待。其次，离职的员工不得继续持有公司的股票。再者，在员工退股时，无论是个人出资购买的股票还是公司奖励、赠送的股票应当按照一定的比例由公司赎回。最后，员工所持有的股票不得私自转让，所有的相关交易都应当在员工本人和公司之间直接进行。设定退出机制需要分析不同原因设定不同的退出方案。华为明确规定：在职员工可以按照公司约定的价格减持其自身持有的一部分股票，但公司遇到特殊情况除外；员工在离职或退休（满足一定条件可以保留股票）的情况下，其所持全部股票将由公司强制赎回；不能继承，不能转赠他人。

6.4.2 股权激励的筹资功能

值得注意的是，华为设计并实行股权激励制度，一方面可以同员工实现利出一孔，另一方面通过股权激励的方法筹集足够的发展资金，以维持公司在创立初期的正常运营和事业扩张。换句话说，华为进行股权激励，其重要的意义不仅在于实现与员工的利益捆绑，而且还为华为的发展积累了足够的资本。最为鲜明的例子就是莫贝克公司的建立。

20世纪90年代初的华为，尚未走出创业期，这一时期华为所面临的最大的发展瓶颈就是资金短缺。在内部无法解决资金问题的情况下，华为转向全国的邮电系统筹集资金，这便是莫贝克公司创建的大背景。

莫贝克公司于1993年筹建，并于1994年正式成立。该公司由华为牵头，并由西安邮电部第十所研究所，以及全国各地各级的邮电部门参股共同建立。其成立的目的是综合利用华为、邮电部十所的技术、电信局的特殊地位，将研发和市场结合起来，共同促进华为交换机业务的开展。莫贝克公司在刚刚创立的时候，已经为华为筹集了数额达5 500万元的资金，而全国各地的邮电系统，也顺势成为华为的第一批风险投资股东。

6.4.3 华为股权激励的基本手段：虚拟受限股权激励

华为之所以能在短短30年内就一举夺魁，雄踞全球通信设备厂商全球第一。

独特的激励机制——虚拟受限股权激励是其成功的重要原因之一。正是这种机制的诞生和成长，华为才得以在纷繁复杂的市场环境中始终保持着强悍的内部凝聚力。

1. 华为虚拟受限股权激励机制的特点

自 1990 年华为实行员工持股激励机制以来，华为已经对自身的股权激励机制实施了 4 次大规模的调整，并最终形成了今天为人们所熟知的"虚拟受限股权激励机制"。那么，这种机制为什么能够为华为激励并留住核心人才呢？

（1）企业股权结构：以员工为重

众所周知，华为的股权结构十分特殊，因为华为在创立伊始就开始探索并实行了劳动者普遍持股的股权制度。截止到 2017 年年初，华为已有 8.5 万名员工股东，共占有华为 98.58% 以上的股份，而华为的创始人任正非仅占不到 1.42% 的股份。由于是非上市公司，华为也不存在任何外部财务股东。以员工为重的股权结构为华为实施虚拟受限股权激励机制提供了基础。

（2）具体实行办法：以"奋斗者"为中心

一般来说，华为的员工在正式入职达到一定年限之后，上级干部会对其在工作中所展现出的态度、业绩等进行评估，并和同级别的其他员工进行比较。综合表现靠前或有特殊贡献的员工会被公司认定为"奋斗者"。接下来，华为会对这些"奋斗者"进行进一步的评估，最终华为会根据其良好表现的程度予以相关员工不同数额的公司内部股票。员工将用自筹资金或用自己的年终奖金购买公司的内部股票。

（3）功能安排：纯粹为了激励

虚拟受限股之所以叫作虚拟受限，因为内部股票无投票权和表决权，只享有分红权和增值权。虚拟受限股在持有过程中便不可能拥有传统股票的所有功能。持有虚拟股权的员工，能够得到一定比例的分红，以及虚拟股所对应的企业净资产增值利润，但并不具备投票权、表决权，更不能私自转手或赠予他人。华为的虚拟受限股权激励机制大致经历了"员工直接持股""虚拟股"以及"虚拟股与 TUP 机制并存" 3 个阶段。时至今日，华为已经通过该项制度安排将员工队伍所代表的人力资源和公司未来的成长紧密地联系了起来，并构成了一个良性的循环体系。

2. 华为虚拟受限股权激励机制的实质

从表面看，华为的虚拟受限股权激励机制只是企业为优秀员工在正常的薪酬之外所增加的一项"福利"。但如果对该机制进行深入的了解，就可以发现虚拟受限股权激励机制绝非是提高待遇这么简单。从本质上讲，它是华为将员工个人的发展和企业的发展牢牢绑定的一种制度性设计。在这种制度下，华为和相关员工实际上结成了一个"力出一孔，利出一孔"的利益共同体。而这个利益共同体的本质表现在以下两个方面，如图 6-10 所示。

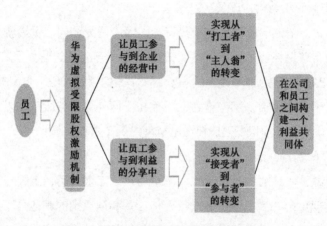

图 6-10　华为虚拟受限股权激励机制的实质

（1）让员工参与到企业的经营中。华为将企业的大部分股权授予奋斗者，其实就是将企业的一部分所有权和分红权益让给员工，这样就能激发员工的主人翁意识，使之不再将自己当作打工者，而是老板。换句话说，通过虚拟受限股权激励机制，华为首先给予了相关优秀员工一份真正属于自己的事业。

（2）让员工参与到利益的分享中。和被动地接受工资、奖金等薪酬不同，华为优秀员工获得的股权收益是与公司的整体发展状况，或者说就是与公司的整体业绩相挂钩的。公司赚得多，相关员工自然也就赚得多，反之亦然。这样就能让员工主导一部分收益。当员工能够参与到利益的分享机制中时，其自身自然会在利益的驱使下努力工作。

3. 非上市企业长期股权激励管理的关注点

尽管华为的员工持股制度已经随公司发展了近 30 年，并通过各类媒体的曝光而广受外人所知，但这并不意味着华为现行的虚拟受限股权激励机制就能被其他非上市公司轻易地借鉴。事实上，华为的虚拟受限股权激励机制在某种程度上来说是华为根据自身特点和需要做出的特殊安排，是一种历史发展的特殊产物。其他非上市企业可以借鉴华为的股权激励法，但不能照搬照抄。在借鉴的过程中，相关企业应当特别关注以下 3 点：先分红后分股；拥有股票应该具备一定条件；员工购买股票的资金尽量由员工自行解决。

在近 30 年的发展历程中，虚拟受限股权激励机制可谓是华为在"合作—共享"的理念下所做出的最成功的制度创新。时至今日，虚拟受限股权激励机制已将一个涵盖了 18 万高级知识分子的共同体打造成为利益－责任共同体。并在此基础上，进一步形成了以中高层管理干部为核心的命运共同体，以及由一批顶层管理者、科学家构成的使命共同体。这些被有效组织起来的团队正是华为得以成功的根本因素。华为在虚拟受限股权激励机制方面的探索和实践，不仅完美地诠释了中国人"财聚人散、财散人聚"的古老智慧，更从现代意义上为正确把握资方和劳动者的动态关系做出了极佳的示范。

6.4.4 华为股权激励的创新手段：TUP 的激励机制

在激励机制运用方面，华为从未停止过创新的脚步。自 2014 年起，之前为华为的崛起起到重要推动作用的虚拟受限股权激励机制逐渐退出了华为的激励机制体系中，取而代之的是 TUP 机制。TUP（Time Unit Plan），字面意思是时间单位计划，本质上就是现金奖励型的递延分配计划。作为在激励机制方面的又一项创举，TUP 机制不单为华为解决了自身在人才激励过程中遇到的新问题，更在制度层面逐渐成为华为激励体系中的一项重要内容。

1. TUP 激励机制的实施背景

进入 21 世纪的第二个十年，以任正非为首的华为高层逐渐认识到了既有虚拟饱和配股的种种弊端。第一，旧有的虚拟饱和配股制度下的再分配机制过于烦琐和迟钝，无法给予广大员工特别是新进员工及时、足额的股份，这就削弱了股权分配的激励作用。第二，在旧有的股权激励机制下，华为内部出现了不少靠股权来生活的"食利阶层",这些"食利阶层"的存在更会危及激励机制公平的原则,同华为的核心价值"以奋斗者为本"的文化价值观也存在偏差。第三,华为目前有 4 万多外籍员工,由于种种原因他们不能分享到华为成长的收益,对他们的激励缺少长期激励机制,华为需要考虑对外籍员工的长期激励。基于这种认识,华为迫切需要新的激励手段,而 TUP 激励机制的推行在此时可谓是正当其时。

2. TUP 激励机制的具体操作方式

从激励的载体角度来看,TUP 实际上可以被理解为是一笔特殊的奖金,是一种基于人才历史业绩和未来发展前途而专门确立的一种长期但不是终身的奖金分配权力。TUP 机制的这一特性,也从根本上为其赋予了和华为其他激励办法相异的内涵。

(1)延长收益周期。TUP 机制不会在短时间内为相关员工带来可观的收益,而会在中长期的时间里给予相关员工以激励。在 TUP 模式下,相关员工会得到被公司预先授予的一项获得收益的权利,但这种收益需要在未来的 5 年内才能逐步兑现。

(2)扩大实施范围。因为奖励期权机制(即 TUP)所采用的利益载体是现金而不是股票,所以在事实上不会有任何法律上的阻碍。从短期内来看,能够直接解决世界不同地区、不同国籍员工的激励模式一致性问题。只要员工积极工作并做出良好的业绩,其价值就能在自己所获得的奖励中得到相应的体现,这也是华为所有雇员都希望能实现的一种局面。因此,华为实行 TUP 机制的范围远远比以往的股权激励要广,华为的 TUP 机制是面向全世界雇员的。

(3)推行"递延 递增"的激励方案。华为 TUP 机制的实行一般以 5 年为一个周期。在这 5 年中,公司每年都会根据相关员工的岗位以及职级、业绩,给予这些员工以一定数量的期权,而相关员工也可以根据职级的实际需要来选择是否立即变现。具体来说,华为的 TUP 机制就是根据"递延 + 递增"的获益原理实施的。其操作手法举例如下。

2017 年公司授予了一名员工获得 TUP 奖金的资格,并为其配备了 10 000 个单位的期权,此时相关期权面值为 10 元。那么对于该名员工来说:

2017年（第一年），当年没有分红权；

2018年（第二年），可获得10 000股×1/3的分红权；

2019年（第三年），可获得10 000股×2/3的分红权；

2020年（第四年），可获得10 000×100%的分红权；

2021年（第五年），在全额获得分红权的同时，单独进行升值核算，假如此刻相关期权的面值升值到了12元，则该名员工第五年得到的回报即为：全额分红+10 000×(12-10)，即为2万元。同时，相关员工的这10 000股期权也将被公司清零，继而进入下一个周期，如图6-11所示。

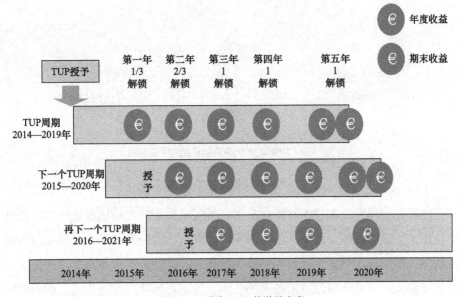

图6-11 华为TUP的激励方案

（4）极为低廉的获取成本。一方面，与股权激励需要相关员工自己支付资金购买不同，TUP期权并不需要相关员工自行垫资，只需获得公司相应的授权即可，这就降低了华为相关员工，特别是新入职员工的获得门槛。另一方面，华为将原本需要经过重重复杂的奋斗和审核才能得到的股权激励制度改为了标准较为简略的TUP机制，能够让相关的华为员工在稍加奋斗的情况下就能感受到公司的激励，这样就能进一步刺激相关员工特别是新入职员工的奋斗精神。

3. 实施 TUP 激励机制产生的影响

从 TUP 机制的内涵中，我们可以看到 TUP 机制是一种渐进性、长期性的激励手段。在时间跨度上与华为最早开展的虚拟受限股权激励机制并无本质上的不同。那么，为什么还要特别推出 TUP 这种新的激励机制呢？其实，华为在实施 TUP 激励机制的过程中，主要产生了以下 3 个影响，如图 6-12 所示。

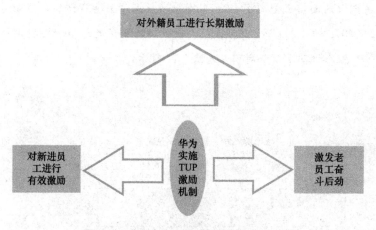

图 6-12　华为实施 TUP 激励机制的主要目的

（1）实现了公司对外籍员工的长期激励。因为没有上市，所以华为以往所实行的虚拟受限股激励机制在操作层面只能将范围圈定在中国籍员工中。在世界范围内，该办法则会因浓郁的中国特色而受到法律以及当地社会文化习俗的抵触而无法实施。然而，随着海外业务的拓展，外籍员工在华为所占的比例正在逐年增大，全球化程度越来越高的华为也势必要解决外籍员工的长期激励问题，而这就需要寻找一种在操作层面能和国际接轨的方法。为此，华为引入了奖励期权计划（TUP）作为解决外籍员工激励问题的方法。TUP 激励机制在形式上非常简单，就是一种现金递延激励方法。所以，这种方法能够最大限度地获得外籍员工所在国的认可。

（2）加强了对新进员工的有效激励。TUP 机制能够给予参加工作时间在 5 年之内的新员工充足的激励。一般来说，人员成本从投入到收到回报至少要达到两年。如果在这两年中优秀的员工出现离职，那就会给相关企业造成严重的损失。华为所采用的五年制 TUP 激励机制正好能够对冲这种潜在的风险。当员工工作时间已达到两年，自觉能力、经验、人际关系已经足以支撑自己另起炉灶的时候，却会由于对机会成本的考量最终选择继续干下去。当员工工作满5年之后，华为会对其中业绩排名前端的优秀员工进行新的激励。

在 TUP 机制下，优秀员工每年获得的阶段性分红权重属于"递延"，而权益的增值则属于"递增"。对于优秀的员工来说，无论是"递延"收益还是"递增"收益，二者都是非常可观的收入。当工作时间达到了一定年限，便不可能因小失大地去跳槽到别处。这样一来，华为长期留人的期望就能够很好地实现。

（3）激发了老员工的奋斗后劲。正如比尔·盖茨所言：激励并不困难，难的是持续、有效的激励。华为自20世纪90年代起就敢于吃长期激励这只螃蟹，在业界第一个实行内部股份制，随后华为又对长期激励机制开展了4次重大的变革。但始终没有改变虚拟受限股份制的性质。迄今为止，华为的这种股权激励机制已经沿用了近30个年头。随着企业内部组织的嬗变和市场环境的变化，传统的股权激励机制的内在弊端也日趋明显，其中最大的一个问题就是老员工"食利阶层"的出现，重新激发老员工的奋斗激情，就必须采用 TUP 等新的激励机制。

随着时间的推移，原本在华为发展过程中起着中坚作用的一些年轻人，也会慢慢变成老员工。而这些老员工们往往都握有华为大量的股份，但已经退居二线，所以其中的一部分人就会自然而然地将自己的身份从"拉车"的人转化为"坐车"的人，继而就会松懈奋斗的意志，直至蜕化为只知道靠股票收益混日子而不知道进取的落后分子。一旦这种认识蔓延开来，并形成了风气，那就会对企业的竞争力造成巨大的伤害。试想，当依靠奋斗得来的工资和奖金仅够生活，而靠资历所获得的虚拟股收益却能够随便买车买房，那谁还会艰苦奋斗呢！一味地执行虚拟受限股的激励机制会引发内部分配严重的不公，同时也违背了华为"以奋斗者为本，长期坚持艰苦奋斗"的企业文化。

而 TUP 制度恰恰能有效地避免"食利阶层"的出现。TUP 机制下员工所获得的期权有效期要比虚拟股权的有效期短得多——只有5年。过了5年，期权归零，公司会重新对相关员工进行评估，业绩好的继续予以期权，业绩差的不再予以期权。这就从根本上避免了相关员工特别是老员工靠股票混日子的惰性心理。在继续获得期权的心理作用下，不管是"老人"，还是"新人"，华为的全体员工都会持续地进行奋斗。

值得注意的是，奖励期权计划（TUP）尽管能够较好地克服传统股权激励机制中的种种弊端，但这并不意味着这种方法就是"包治百病"的灵丹妙药。事实上，TUP 机制也有自己的不足。最大的问题就是其 5 年的周期，与公司长远发展的捆绑力度不够紧密，这就会导致该机制对于少数具有长期使命感的核心层员工的激励作用不够。

所以，TUP 激励机制不可能成为放之四海而皆准的"金科玉律"，更不可能变成华为唯一的激励机制。相关企业在积极借鉴华为 TUP 激励机制的同时，也不能顾此失彼，应当将 TUP 激励机制和股权激励等其他方法融合起来运用，这样才能最大限度地把握好短期激励与长期激励、多数人激励和少数人激励之间的关系。

6.5 经验总结

1. "利出一孔"让贡献者定有回报，是价值分配体系中最高指导思想

建立符合"人性"的激励管理体系是组织成功的重要保证。华为在设计激励体系过程中充分考虑到华为公司的战略诉求和核心价值观。例如，以奋斗者为本，坚持给火车头加满油，从分配制向获取分享制、导向冲锋等价值分配指导原则，从最大程度上保障"利出一孔"，实现公司的战略目标。

2. 激励体系是多层次、多角度和全方位的激励

过去 30 年，华为逐步形成了以奋斗者为本的价值分配这一核心指导原则，同时结合西方的激励技术逐步建立起具有自身特色的激励体系，其中包括物质激励（薪酬）和非物质激励（发展、健康与关系）、短期激励（奖金）和长期激励（股权与 TUP）等多层次、多角度的激励机制，满足不同层级员工的内在激励需求，最大限度地激发员工潜能。

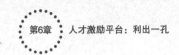

3. 激励体系需要与时俱进，不断完善

企业所处的阶段不同与规模不同所采用的激励体系存在较大的差别，应该采用同公司自身发展相适应的激励体系。华为的激励体系也是随着公司的发展而完善的，华为经历从创业初期零散的激励模块应用到今天形成全系统的全方位的激励体系，华为激励体系始终保持开放和与时俱进，不断优化激励体系实现更加有效的牵引公司的战略实现。

第 7 章

> 管理変革

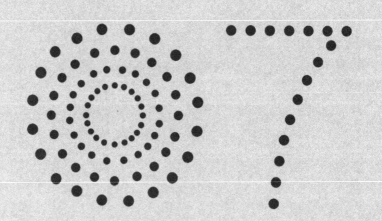

正如达尔文所讲："能生存下来的，并不是最强壮的，也不是最聪明，而是那些对变化反应能力最强的物种。"杰克·韦尔奇说："领导变革者胜，适应变革者存，被迫变革者亡；外部变化一旦超过内部变化的速度，末日就在眼前。"世界唯一不变的就是变化。企业的经营过程，实际上就是持续推进自身变革的过程。企业面临客户需求多变、商业环境巨变、业务战略调整等的不确定导致经营结果面向未来充满了不确定性，企业管理者需要不断通过管理变革建立确定性规则来确保经营结果的确定性。企业需要围绕"多产粮食"、提高一线组织"作战能力"和"增加土地的肥力"等方面进行不断的管理变革才能生存下去。

7.1　变革的核心理念

在不进则退的市场环境中要保持持续的发展，企业就需要从整体上坚持变革，让企业时刻保持对内的灵活性和对外的适应性。那些刻板教条而又跟不上现实的制度会让公司在发展过程中束缚住手脚，而那些容易屈服于既定规则或是只知道一味明哲保身的员工，却在"温水煮青蛙"的过程中，逐步坠入平庸，直至渐渐消亡。实践证明：公司运作是一种耗散结构，在稳定与不稳定、平衡与不平衡间游离。世界上只有那些善于自我批判的公司才能活下来，只有那些能够变革、善于变革的公司才能够活下来。

7.1.1　管理变革是企业实现愿景使命的重要管理措施

华为把管理变革当作实现未来愿景和使命的四大措施之一。华为坚持以客户需求为中心，不断优化和完善管理体系、整合优化资源，持续地推进管理变革，实现高效的流程化运作，确保端到端的优质交付，逐步确立和保持行业领先优势。如图 7-1 所示。

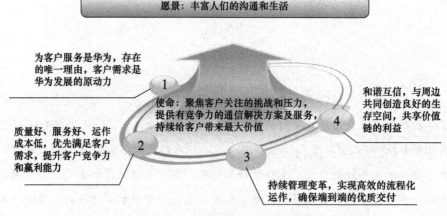

图 7-1　企业实现愿景使命的重要管理措施

7.1.2　华为开展企业变革的驱动力

在华为看来，成功的变革并没有现成的捷径，唯有在不断砥砺中前行，找到促进自身变革的驱动力，才能使自己在变革的道路上"柳暗花明"。围绕着企业的变革相关方进行变革，这既是华为在大浪淘沙中屹立不倒的法宝，也是保证企业和员工利益的均衡的唯一方法。

1. 客户需求的变化

满足客户需求为客户创造价值是华为存在的唯一理由。将客户需求贯穿于从产品研发到服务的管理变革全过程，树立并强化"下一道工序就是客户"的意识，建立以客户为核心的系统管理平台以赢得客户的信赖。华为从 1987 年成立起，就坚持满足客户需求，以成就客户商业成功为其自身的核心价值观并努力践行之。从曾经的代理交换机到 C&C08，从有线到无线设备，从 KPI 考核

再到客户价值体验，而今天已经形成的一套完善的"云—管—端"业务战略体系，都体现了华为基于客户需求不断地推进各项变革以满足客户需求这一核心诉求。

案例一：2008年7月，刚刚进入日本市场的华为开始了与日本排名第2位、全球排名第12位的电信运营商KDDI的合作。彼时日方的审核员是福田先生，他随身携带四件"法器"（手电筒、放大镜、数码相机、白手套）对华为进行了缜密的审视。从灰尘到焊点，福田不放过华为厂房中的每一个细节。最终，福田留下了90多个不合格项回到了日本。临走前，他还对华为工程师的工作态度给予了严厉的批评。

面对此情此景，原本对自己的管理、技术都非常自信的华为干部一下子就蒙了，在经过了短暂的讨论，华为迅速对自己的管理体系进行了变革。针对福田指出的问题，华为方面对设备和现场开展了细致入微的改造。最终，华为在第二次审核中顺利通过了福田先生的审核。2009年10月，华为与KDDI签署了第一份正式合同。

案例二：2013年华为开始推行基于端到端运行效率提升的管理变革，其中最核心的就是"五个一"（PO前处理1天、从订单到发货准备1周、所有产品从订单确认到客户指定地点1个月、软件从客户订单到下载准备1分钟、站点交付验收1个月）管理变革项目，通过"五个一"打通相关流程和IT系统，加速提升从签订高质量合同、快速准确交付到加速回款的端到端项目经营能力。经过近几年基于此目标的变革，目前华为运营效率得到大幅提升，与友商的差距进一步拉大。

2. 商业环境的变化

作为20世纪80年代才刚刚起步的民营企业，华为当时所处的客观条件方面，天生缺乏能够依赖的外部资源，尤其是当时华为所处的商业环境，真可谓是"强敌环伺"。华为的对手主要是思科、微软、三星和苹果等国际巨头，而这些巨头不但在世界市场耕耘了多年，而且在很早之前就已进入了中国市场。华为一出生就在家门口遇到了世界级的竞争对手，生存尚且不易，发展就更是难题。从20多年前的"七国八制"到今天的行业领导地位，不同的时代、不同的商业环境都在发生巨变，移动互联、大数据、人工智能正在挑战人类智慧的极限。

华为为了活下去，必须通过持续不断的管理变革来提升自己的管理能力和竞争水平。可见商业环境的变化是华为推进管理变革的又一大驱动力。

3. 竞争对手变化

对于华为来说，昔日的诺基亚、西门子、摩托罗拉等跨国公司都是华为的老师，今天的爱立信、苹果和三星也是华为的前辈。华为坚持开放、开放、再开放的竞争策略，不断地学习，研究竞争对手，为了活下去，能够活得好一点儿。竞争对手的变化也促使华为不断地推进管理变革。

2015年8月，一位在华为深圳总部任职多年的市场总监被派往俄罗斯远东地区的市场系统进行挂职锻炼。其在当地的工作实际上就是做销售，职位的改变和远离家乡的现实并没有对这位"来自总部的销售"造成严重的冲击，在经历了短暂的适应期后，这位员工很快就将主要精力投入到了对竞争对手的研究工作中。

在对竞争对手的研究过程中，他发现，很多当地消费者对一些手机厂商的不满。例如，俄罗斯远东地区地广人稀，很多消费者急需打车，但很多手机厂商却并不支持打车软件的使用，因为他们认为当地人都会自己开车。找到这个痛点之后，这名销售很快向华为当地分公司提议，将打车功能纳入到手机的宣传内容中。当地华为分公司也很快接受了这名"来自总部的销售"的提议。一个月后，华为手机在当地的销售额一举增长了20%。

4. 业务战略调整

无论是1992—1997年的农村市场开拓阶段，还是1997—2000年的城市市场扩张阶段，任正非深刻地意识到国内的市场迟早会饱和，华为要想让自己的生命力得以延续，就必须向海外拓展市场。华为1997年开始拓展全球业务，并在短短的十几年中将海外市场收入提升到占总销售收入的55%以上。纵观华为的发展历程，华为在其发展的各个时期都面临着业务战略的调整，而这些调整必然也会引发管理变革。

5. 企业家精神

军人出身的任正非，似乎从来不缺乏机警的危机意识，任正非常说：碗里有饭、仓里有米、田里有稻，这才是企业发展的理想状态。"思科状告华为""收购马可尼失败"等一系列在欧美市场的碰壁更是印证了任正非忧患意识的正确

性。在他看来，以客户为中心就是为客户服务，需要带着虔诚之心对待我们的客户。正是任正非高度警觉的危机意识和以客户为中心的经营理念，以及其背后的企业家精神推动华为不断地进行管理变革。

7.1.3 华为对变革时机的选择

正如任正非所说：变革就是让整个组织激发活力，变革就是使企业摆脱对个人的依赖，变革就是利益分配。管理变革本身只是企业适应不同阶段生存和发展要求的手段而不是最终的目的，所以企业在对变革时机进行选择时，应当重点把握企业当时所处的发展阶段。对于华为来说，其管理变革一般都会选择公司快速成长阶段或是上升阶段来进行。之所以要选择在企业的上升期开展管理变革，一方面是为了减少变革的阻力，另一方面华为一直坚持"耗散"的管理哲学思想，消灭优势，留下文明。实践证明，在企业上升阶段或快速成长阶段进行管理变革的成功率大幅度高于企业出现危机时变革。

7.1.4 华为开展管理变革的内容

从 1997—2016 年，华为和 IBM 等西方咨询公司合作，开展了诸如 IPD、ISC、CRM、IFS、LTC 等一系列的管理变革。而这些管理变革不但有效搭建了公司大管理平台，而且帮助华为逐步建立起了世界级的管理系统，为华为实现弯道超车做出重要的保障。从全局的立场来看，华为在近 30 年的发展历程中，从未停止过对持续变革以打通端到端运营体系的努力，具体如图 7-2 所示。

从 1997 年 IBM 提供价值链模型到 2014 年，华为和 IBM 等配方咨询公司合作，开展了 IPD、ISC、CRM、IFS 等一系列的管理变革，有效支撑了公司大管理平台运作，成功转化为企业的管理实践，获得制度体制上的后发优势。

据不完全统计，与华为常年合作的咨询公司超过 30 家，包括 IBM、埃森哲 (Accenture)、普华永道（PWC）、合益集团（Hay group）等西方管理咨询公司。1997 年，华为与 IBM 合作开始进行集成产品开发流程变革（IPD）、随后启动集成供应链（ISC）、客户关系管理（CRM）的变革，同时同步推进的还有人力资源管理、质量管理等管理变革。为适应全球化的运作，华为在 2005 年对领导力开发、全球大客户管理、联合创新管理等领域开展了管理变革。

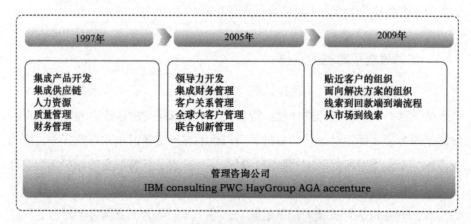

图 7-2 华为"端到端"运营体系的变革

2009 年华为启动和打通端到端流程体系，即 LTC 流程体系，不但成功建立起了贴近客户和面向解决方案的专业组织，还对从线索到回款的端到端的流程（LTC）以及从市场到线索（MTL）的流程开展了深度管理变革，大幅提升华为端到端的运营管理能力。沉舟侧畔千帆过，病树前头万木春。华为始终坚持以客户为中心的理念，不断地推进各业务领域的管理变革，总体来讲包括 4 个方面的变革，即流程变革、组织变革、IT 变革与文化变革，如图 7-3 所示。

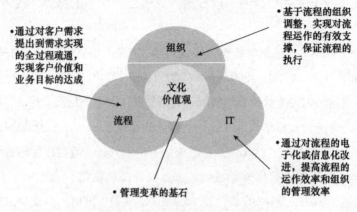

图 7-3 华为开展管理变革的内容

1. 文化变革

管理实践已经证明，企业在实践中推进各种管理变革，将会遇到种种阻力，有组织的阻力也有个人阻力，原因在于变革改变了权力结构和利益分配，利益受损失者必将反对。正如意大利历史学家尼可罗马·基亚维利所说：没有什么比建立一种新秩序更加难以实施、更没有成功的把握而且行动起来更加危险的事情；因为改革者面对的敌人是所有旧秩序下的既得利益者，而那些可能从新秩序中获益的人也不过是一些冷漠的支持者，这种冷漠来自于人类的怀疑本性，在真实的体验之前，他们不会真正地相信任何新的事物。

在企业里开展的变革类型主要有流程变革、组织变革及 IT 变革等，当然也有战略变革、商业模式的变革等。据贝恩从 253 家企业调研的数据来看：大多数企业的变革举措结果不甚理想，在开展重大变革的企业中，有 12% 的企业实现或超过预期目标，有 50% 的企业结果不甚理想，有 38% 的企业变革完全失败。可见变革充满了各种困难和挑战，根本原因是组织没有形成良好的变革文化。华为变革不断地通过变革文化的宣导，让全体干部及员工具有变革的文化，如公司宣传核心价值观，持续自我批判就是华为培育的变革文化。实践表明，推进文化变革，培育变革文化，是华为顺利推进变革的重要利器。

2. 流程变革

流程管理作为华为业务统一平台的核心管理工具，是华为管理变革的主战场。从 1997 年开始，与 IBM 合作近 20 年，不断推动华为端到端的流程管理变革，逐步形成了华为世界级的运营体系。实践中逐步形成流程变革的指导思想如下。

- 实现客户价值是华为存在的唯一理由。我们未来靠的是质量好、服务好、运作成本低、优先满足客户需求。
- 不追求利润最大化，而是通过和周边伙伴长期密切地合作，共同取得可持续的发展和成功。
- 企业发展的宏观商业模式：产品发展的路标是客户需求导向，企业管理的目标是流程化组织建设。
- 微观商业模式：运用一整套和谐的方法论，以最简单、最有效的方式来实现端到端流程贯通。这个端到端，就是从客户的需求端来，到准确及时地满足客户需求端去。

3. 组织变革

华为基于客户需求，基于流程体系建设的需要，不断优化和完善微观组织建设。在近30年的发展历程中，华为经历典型的组合变革：从"狼狈组织"到今天的"铁三角"组织，再到今天"让一线呼唤炮火"的组织形态。

在"让听见炮火的人来决策"的思想指导下，华为组建了"铁三角"式的组织管理模式。"铁三角"是由客户经理、产品/服务解决方案经理、交付管理和订单履行经理三者构成的组织运作模式。华为要在5 ~ 10年内将公司的前端组织由吞并模式改为精兵模式，并提出"班长连长的战争"。最终让地区分公司变为华为的"重装旅"，让身处市场一线的员工"直接呼唤炮火"，如图7-4所示。

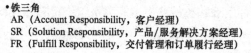

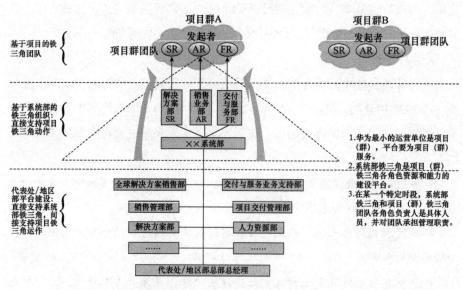

图7-4　组织视角下的"铁三角"流程模式

如果跳出公司架构的约束，站在华为的外面，从市场的角度再次审视华为的"铁三角"组织，依然可以从中剥离出一个扁平化的、宛如特种部队的业务

执行体系，如图 7-5 所示。

面向客户的组织：铁三角对准客户，向后方呼唤炮火

- 铁三角组织的目标是发现机会、咬住机会，将最占规划迁移，呼唤与组织力量，实现目标的完成
- 作为公司端到端式（Lead TO Cash，简称LTC）流程中的代表，铁三角组织的主要工作就是聚焦客户需求、向后方呼唤炮火，直至满足客户需求。由此看来，铁三角组织内部的权利实际上正是客户授予的

- 代表处负责及时、准确、独立支持中小规模项目的完成，对于中大项目组织规划、协调后方支援，拥有对项目支持的协调指挥权

- 地区部重装旅的建设，是重视各种平台的建设，共享中心的建设，经验的总结，人员的培训
- 各种业务要集中一批"尖子"，随时像蜂群一样，一窝蜂地对重要项目实施支持

- 片联要站在世界市场的高度来看待战略，合纵连横，合理，均衡
- 片联穿透了世界各地区部，有利于资源的合理配置，有利于推动市场的全面发展

图 7-5　市场视角下的"铁三角"流程模式

4. IT 变革

IT 变革就是指企业通过对内部流程进行电子化或信息化改进，来提高流程的运作效率和组织管理效率。IT 变革的背后实际上就是流程变革，更深层次的是文化变革。华为所秉承的理念是企业应通过更好的 IT 系统和技术来支撑企业的战略和业务需求，确保公司流程落地实施，加速流程及运营系统的高速运转。华为每年都会对 IT 进行巨额投入，从日常的战略和计划、决策系统、公司架构管控系统、项目管理系统（软件包研发、IT 维护、基础设施构建）、人力资源及财经系统到建立全球化的容灾中心、数据中心等，华为不断通过 IT 变革提升企业资源整合与运营效率，提升企业的竞争力。

7.2　华为发展过程中的典型变革事件

历经将近 30 年的商海沉浮，今天的华为人早已将持续推进自我批判的文化融入了自己的血液之中，并且也深刻地领悟到了管理变革对一家企业成长的必要性。在华为人看来，没有自我批判和变革文化，就没有今天的华为。

如果从总体上来回顾华为发展史中的典型变革，不难梳理出华为在不同时期、不同层面推动的不同类型的变革，主要包括管理流程变革、组织变革和文化变革等，如图 7-6 所示。

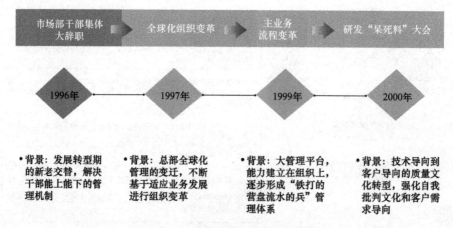

图 7-6　华为发展过程中的典型变革事件

7.2.1　市场部干部集体大辞职

公司变革，干部先行。每逢企业的变革时期，华为的干部总是第一批受到影响的群体，同时也是第一批接触到改革新风的群体。

1. 背景

1996 年，发展不到 10 年的华为已经到了新老交替的发展转型期，面对企业进行业务变革的迫切要求，华为急需在公司内部设立一种能够实现干部岗位能上能下的管理机制。但是正处在创业期的华为尚未建立起科学的干部管理机制，在这种情况下，公司的变革只能在摸索中前进。在这种背景下，当时震惊业界的华为市场部干部集体大辞职发生了。

2. 过程

从 1996 年 1 月起，华为市场部任职的所有正职干部陆续收到了来自公司高层的通知：上至总裁下到各个区域的办事处主任，所有的干部都得在规定的时间内提交两份报告，一份是述职报告，另一份是辞职报告。华为会通过竞聘的方式对相关干部进行答辩考核，公司会根据其答辩时的表现、干部自身的成长潜力和公司的发展需要，采纳其中的一份报告。在这场史无前例的竞聘考核中，

有包括市场部最高层在内的大约三成的干部被替换了下来。

3. 影响

从表面上看,市场部干部集体大辞职是华为对市场部的一场重大人事改革,但任正非这么做的真实用意却远不止撤换几名干部那么简单。一方面,华为通过对市场部干部的"雷霆"式清洗,一举打破了某些干部"混铁饭碗"的意识,克服了惰性,重新端正了自己的工作态度。另一方面,华为市场部干部在集体大辞职事件中的种种理性表现也为华为日后推行"能上能下"的干部制度打下了良好的思想基础,从此开启华为干部能上能下的序幕。

7.2.2 全球化组织变革

在 20 世纪的最后几年,华为逐渐将目光从国内转移到了国外,并在业界率先迈开了向全球扩张的脚步,几乎是在进行扩张的同时,华为的总部也开始了其基于全球化管理需要而进行的组织变革。正是在这一时期公司不断进行的针对适应业务发展的组织变革,使华为一系列全球化的战略举措得到了来自公司内部的有效支撑,如图 7-7 所示。

从 1997 年开始,华为与国际知名的管理咨询机构开始了组织变革合作。首先,华为在 HAY(合益)的帮助下,对公司的人力资源管理体系进行了改革,并以此建立起以岗位体系为核心、以绩效与薪酬作为抓手的现代人力资源管理体系。紧接着,华为又在美国韬睿咨询公司的帮助下实现了激励制度的改造,就此确立了华为独具特色的"员工持股"制度。

这一时期,无论是组织带病运行的问题,还是清理多余事项的诉求,都在华为相关人员手术刀般锋利的审视与变革中,分别得到了解决和满足。可以说,如果没有这一时期华为自我批判的针砭时弊,以及对西方先进经验的学习,积存在华为管理体系各个组织、各个环节中的冗余成分就不能得到及时的剔除,自然也就谈不上降低管理成本了。

华为应对全球化扩张而进行的组织变革对其日后的发展具有重要影响。从短期来看,华为向西方先进企业学习的变革手段,使其员工的职业化素养得到了明显的加强。从长期来看,华为的组织变革进一步强化了以结果为导向的价值评价与价值分配体系,任职资格体系得到了确立和完善。

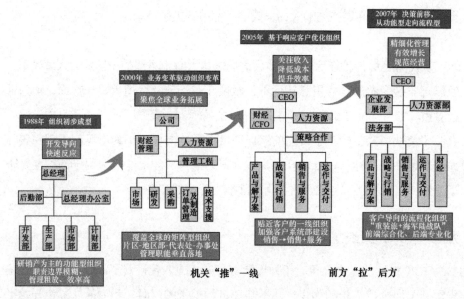

图 7-7　华为全球化组织变革

7.2.3　主业务流程变革

当时间来到了新千年的世纪之交, 华为的发展也进入了新的阶段, 一方面, 市场竞争的白热化使华为面临的外部压力越来越大; 另一方面, 华为内部既有的体制再一次阻碍了公司的发展, 需要变革来适应内外部变化以生存下去。1999年华为正式启动集成产品开发流程, 将能力建立在组织上, 并逐步形成一套"铁打的营盘流水的兵"的管理体系。

从1999 年起, 华为将IBM 的专业管理团队请进了公司, 开始了自己向国际一流信息技术企业学习的过程。在随后的 5 年中, 华为借助IBM 的专业团队, 从这个"蓝色巨人"身上学到了产品集成产品开发 (IPD)、集成供应链 (ISC)、集成财务转型 (IFS) 以及质量管理体系认证 (ISO) 等专业的业务流程体系。与此同时, 华为还从IBM 那里引入了平衡计分卡和BLM 模型等专业化的管理指导体系, 使自己的管理开始变得有章可循。

华为在 20 世纪末开展的主业务流程变革对研发、销售与服务、供应链和财经体系等业务领域带来深刻的影响。经过这次变革, 华为在工作思路上真正得

以将客户的需求当作一切工作的出发点和落脚点，并在此基础上总结出了一套在绝大多数客户身上适用的业务模式，最终实现了业务开展的规范化与职业化。主业务流程变革开启华为 20 年持续推进以流程变革为核心的经营管理理念的序幕，为华为从"人治"迈向"法治"奠定重要的基础。

7.2.4 研发"呆死料"大会

进入新千年的华为，无论是在财务层面还是在业务层面都取得了令人瞩目的成绩。成功背后潜藏着危机，加入世界贸易组织的中国将面临新的竞争环境，强大的竞争对手给华为的经营发展带来巨大的生存压力。在此背景下，华为急需完成从技术导向到客户导向的质量文化转型，并不断强化自我批判的文化。

2000 年 9 月，华为的研发部门在深圳市体育馆举行了一场专门针对"呆死料"的大会。在这次会议上，华为举行了一个既"隆重"又特别的仪式，任正非将由于工作不用心、测试不严谨、盲目创新而产生的大量废料，以及研发、技术维护人员因此而奔赴各地进行"救火"的往返机票打包成特殊的"奖品"，发放给了相关产品的研发干部，并要求上台领奖的干部现场发表获奖感言。这看似是在激发干部对质量问题强烈羞耻感，也是在激发干部队伍的责任意识，更是在宣导华为批判与自我批判的文化。

在这次大会上，任正非语重心长地对在场干部说："华为还是一家年轻的企业，虽然内部充满了活力与激情，但也存在着幼稚与傲慢，我们的管理尚不规范。唯有持续地自我批判，才能让我们尽快成长起来。"

毫无疑问，研发"呆死料"大会带给广大华为干部的震撼和影响是极为深刻的。会议一结束，华为就开始着手建立完善而严苛的质量控制体系，并积极地将该体系渗透到公司运营、生产的每个环节中。华为甚至还把对质量的重视融合进了自身的企业文化中，通过精神的力量强化了全体员工的质量意识。研发"呆死料"大会是对华为研发干部及全体员工的一次重要思想洗礼，同样通过这样的变革事件也进一步强化华为必须以客户需求为中心、质量意识与自我批判的核心价值观，是一次深刻的思想变革。

7.3 华为的管理变革之道

华为的发展历程与其说是华为的成长史，倒不如说是一部华为持续推进管理变革的变革史。通过对管理变革自身各项环节的全面梳理，可以将华为的变革之道分为变革管理、变革设计、变革的方法和节奏以及变革推行 4 个部分，如图 7-8 所示。

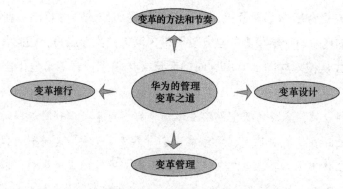

图 7-8　华为的管理变革之道

7.3.1 变革管理

经过近 30 年的探索与实践，华为逐步总结出对变革本身进行变革管理的原则，简称"七个反对"，即反对完美主义、反对烦琐哲学、反对盲目创新、反对没有全局效益的局部优化、反对没有全局观的干部主导变革、反对没有业务实践经验的人参加变革、反对没有充分论证的流程进入使用。"七个反对"是华为在推进变革管理过程中的核心指导原则，从华为成立之初的组织变革到人力资源绩效管理变革、从 IPD 到 LTC 流程变革、从 IFS 到端到端业务统一平台管理，都充分体现这些核心指导原则。

贾某是华为德国分公司市场营销部门的一名干部，在 2015 年 1 月开始了新的任期之后，贾某立即带领他的队伍开展了一场时间长达半年的市场管理变革。他们先是按照全新的市场管理流程对当地市场重新进行了市场选择和市场细分，接着又拟定出了符合客户期待的产品包装和解决方案，最后又建立并实行了符

合当年总部业绩考核指标的业务规划。在贾某和他的团队对变革管理工作的科学推进下，华为德国分公司的运营面貌很快就焕然一新。

7.3.2　变革设计

任何变革都会涉及利益的重新分配，利益分配会带来变革的阻力。如何通过科学的设计减少变革的阻力是变革中重要的管理内容。一方面需要考虑到变革的先进性和牵引性，另一方面需要对公司的现实情况进行充分的调研，二者需要有效地结合起来，才能实现科学的变革管理效果。华为变革设计思路坚持因地制宜，通过简单、实用、适用的方法规范自己的管理，通过事实求是的思路避免管理工作脱离实际。

周某原本在华为总部的生产管理部门工作，2016 年 7 月，他被调往伊朗担任市场部主管。尽管工作内容有所不同，但周某还是将其在生产管理过程中的方法运用到了变革设计中。周某将市场管理流程的具体实施办法分为了 7 个主要环节，它们分别是：判断和理解市场、开展市场细分、开展组合分析、拟定业务战略和计划、整合并改进业务计划、对业务计划的执行进行控制和引导、评估效果。而伊朗当地的工作人员在这 7 个环节的指引下，不仅在 3 个月内就完成了新业务系统的搭建，同时也澄清了管理工作中一些误区。

7.3.3　变革的方法和节奏

变革是常态，不是有了问题才变革。全球化的华为面临更加复杂的经营管理环境，变革管理更加复杂化和多样化，如何掌握变革的方法和节奏就成为考验一个领导者和管理者智慧的重要内容。一方面，日益激烈的市场竞争使得华为在进行管理变革的过程中必须把握好节奏，既要考虑工作实际，又要通过循序渐进的步骤保持企业管理体系在变革过程中的相对稳定。另一方面，要具有"时不我待"的紧迫感，在跑步中交接班，而不是停下来搞整顿。

7.3.4　变革推行

变革推行是变革管理的关键环节。改革要处理好改革"最先一公里"和"最后一公里"的关系，突破中梗阻。"最后一公里"指的就是变革推行。变革推行是变革能否真正发挥作用的关键一环。如何在坚持原则的情况下，保持适度灵活；如何灰度掌握"先立后破，先僵化，后优化，再固化"的思路确保变革推行向纵深发展是各级干部应该掌握的艺术。华为从 1997 年开始引入 IPD 管理变革，公司在推行 IPD 过程中，任正非提出至今非常经典的管理变革推行方针：先僵化，后优化，再固化。最终确保 IPD 得到有效的落地实施。

7.4　经验总结

华为坚持管理变革的目的是"多产粮食"和"增加土地的肥力"，通过开放、灰度与妥协的变革策略，在管理过程中紧密围绕客户需求，逐步形成华为独特的变革管理做法和经验。变革管理能力也是华为评价中高级干部核心能力之一，选拔后备干部参与公司的变革项目，在成功的变革项目选拔将军，是华为惯用手段和方法。

经过 30 年的变革管理实践，逐步搭建了基于客户需求到满足客户需求成就客户商业成功的优质交付体系，管理变革的经验有 6 点，如图 7-9 所示。

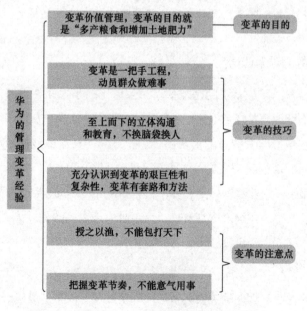

图 7-9　华为的管理变革经验